Thomas Petersen | Tilman Mayer

Ende des Aufruhrs

Thomas Petersen | Tilman Mayer

Ende des Aufruhrs

Wie die Deutschen mit sich selbst Frieden schlossen

Tectum Verlag

Thomas Petersen | Tilman Mayer
Ende des Aufruhrs
Wie die Deutschen mit sich selbst Frieden schlossen

ISBN 978-3-8288-4025-6
E-PDF 978-3-8288-6873-1
E-Book 978-3-8288-6874-8

Umschlaggestaltung: Tectum Verlag, unter Verwendung
von Bild # 88064174 von sunt, www.fotolia.de

Druck und Bindung: CPI buchbuecher.de, Birkach
Printed in Germany

Besuchen Sie uns im Internet
www.tectum-verlag.de

Bibliografische Informationen der Deutschen Nationalbibliothek
Die Deutsche Nationalbibliothek verzeichnet diese Publikation
in der Deutschen Nationalbibliografie; detaillierte bibliografische
Angaben sind im Internet über http://dnb.ddb.de abrufbar.

Inhalt

1. Die „verletzte Nation"

Im Sommer 2016 bekam das Institut für Demoskopie Allensbach Besuch von Hiroshi Tokinoya, emeritierter Professor für Medienwissenschaften an der Tokai-Universität in der Nähe von Tokio und ein langjähriger Freund des Hauses. Erstaunt berichtete er von seinen neu gewonnenen Eindrücken: Seit 15 Jahren sei er zum ersten Mal wieder in Deutschland, und das Land habe sich in dieser Zeit vollkommen verändert: Die Gesichter der Menschen sähen anders aus, viel gelöster, fröhlicher als noch vor eineinhalb Jahrzehnten. Deutschland, so schloss er aus seiner Beobachtung, müsse ein ungeheuer erfolgreiches, glückliches Land sein.

Diese Einschätzung mag aus der deutschen Binnensicht erstaunen. Tokinoya machte seine Beobachtungen in einem Land, das nach Auffassung vieler Bürger eine tiefe politische Krise durchgemacht hatte, dessen Bewohner angesichts der großen Zahl von Einwanderern, die im Vorjahr ins Land gekommen waren, erkennbar verunsichert waren und sich wie lange nicht mehr vor Verbrechen und Terroranschlägen fürchteten[1] und in dem bei Landtagswahlen eine Protestpartei, die den Zustand des Landes in den schwärzesten Farben malt, bis zu 25 Prozent der Wählerstimmen erhielt. Das sollte ein glückliches und gelöstes Land sein?

Manchmal ist der Blick von außen schärfer als jener von Beobachtern, die die eigene Gesellschaft, der sie angehören, analysieren. Diese laufen oft Gefahr, die Veränderungen, die sich hier vollziehen, nicht wahrzunehmen, zumal sie meist nicht über Nacht stattfinden. Es ist ein wenig wie die Alltagserfahrung, dass einen jeden Tag im Spiegel dasselbe Gesicht anschaut – und man doch, nachdem man fünfzehn Jahre lang immer das Gleiche gesehen hat, erstaunt ist, wie sehr sich dieses Gesicht von dem unterscheidet, das auf fünfzehn Jahre alten Fotos zu sehen ist. Nach den Umfrageergebnissen des Instituts für Demoskopie Allensbach spricht tatsächlich einiges dafür, dass Tokinoyas Beobachtung zutrifft, dass also die Deutschen – abseits tagespolitisch bedingter Wellen der Aufregung, die es natürlich immer wieder gibt – in den letzten zwei Jahrzehnten ruhiger und selbstbewusster geworden sind. Von dieser Entwicklung handelt dieses Buch.

Selbst die intensive und emotional aufgeladene öffentliche Diskussion um die große Zahl von Flüchtlingen, die in den Jahren 2015 und Anfang 2016 nach Deutschland kamen, spricht eher für diese These als gegen sie. Man muss die Situation nur mit der Anfang der 1990er-Jahre vergleichen, als schon einmal binnen eines Jahres Hunderttausende Asylbewerber nach Deutschland kamen, damals vor allem aus den Balkanländern. Auf dem Höhepunkt der seinerzeit „Asylfrage" genannten Entwicklung gab es durchaus Anzeichen dafür, dass sich eine krisenhafte, von Aggression dominierte Stimmung im Land ausbreitete. Im Herbst 1992 sagten 53 Prozent der Befragten einer Allensbacher Repräsentativumfrage, sie seien sehr darüber besorgt, dass einfach nichts getan werde gegen die Flut von Asylbewerbern. 72 Prozent gaben zu Protokoll, sie hätten zwar nichts gegen Ausländer, es gebe aber in Deutschland „einfach zu viele". Immerhin 38 Prozent erklärten, dass sie sich an einer Unterschriftenaktion gegen ein Wohnheim für Asylanten beteiligen würden, wenn ein solcher Bau in ihrer Gemeinde geplant würde, und eine nicht ganz unbeträchtliche Minderheit von etwa einem Viertel der Deutschen zeigte sogar ein gewisses Verständnis für Gewalt gegenüber Ausländern.[2] Und bei der regelmäßig zur Jahreswende gestellten Frage „Sehen Sie dem kommenden Jahr mit Hoffnungen oder Befürchtungen entgegen?" ließen im Dezember 1992 lediglich 37 Prozent der Befragten positive Erwartungen erkennen. Das war der niedrigste Wert seit der zweiten Ölkrise zur Jahreswende 1979/1980.[3]

Auch zur Jahreswende 2015/2016 zeigten sich die Deutschen angesichts der Einwanderungswelle sehr beunruhigt: Im Oktober 2015 sagten 53 Prozent der vom Allensbacher Institut befragten Personen, die Entwicklung der Flüchtlingssituation in Deutschland bereite ihnen große Sorgen.[4] Das waren also exakt gleich viele wie 24 Jahre zuvor, doch von der Aggression, die aus den Antworten des Jahres 1992 sprach, war nur wenig zu spüren, und dies, obwohl die Zahl der Asylbewerber 2015 mehr als doppelt so groß war wie 1992. So nahm beispielsweise mit den Sorgen angesichts der großen Zahl der Einwanderer auch die Bereitschaft der Deutschen zu, diesen zu helfen. Während sich 1992 noch große Teile der Bevölkerung bereit zeigten, sich an Unterschriftenaktionen gegen Asylbewerberheime in ihrer Nachbarschaft zu beteiligten, sagten 2015 47 Prozent ausdrücklich, sie fänden es gut, wenn in ihrer Nachbarschaft Flüchtlinge aufgenommen würden. Und immerhin 31 Prozent sagten, sie würden sich an Unterschriftenaktionen beteiligen, die den Bau von Asylbewerberheimen in ihrer Region unterstützen.[5] Was die Hoffnungen für das neue Jahr betrifft, so sanken die positiven Äußerungen zwar auch zur Jahreswende 2015/2016 gegenüber dem Vorjahr von 56 auf 41 Prozent und damit auf einen im langfristigen Vergleich sehr tiefen Wert,[6] sie blieben damit jedoch immer noch auf einem höheren Niveau als 1992, und dies, obwohl die Flüchtlingssituation Ende 2015 objektiv erheblich problematischer war als in den 1990er-Jahren. Es soll an dieser Stelle weder die Besorgnis der Bevölkerung in den Jahren 2015 und 2016 kleingeredet werden, schon gar nicht die Ausschreitungen bei Protesten gegen Einwanderer oder gar die Anschläge auf Asylbewerberheime, die es in dieser Zeit durchaus gab. Doch das gesamtgesellschaftliche Klima war trotz alledem noch immer erstaunlich entspannt. Man mag sich gar nicht ausmalen, wie es in Deutschland wohl ausgesehen hätte, wenn im Jahr 1992 nicht 430.000 Asylbewerber ins Land gekommen wären, sondern doppelt so viele.

Schaut man sich das politische Klima in der Bundesrepublik Deutschland in der Mitte des zweiten Jahrzehnts des 21. Jahrhunderts abseits der großen tagesaktuellen Themen an – und dies mag die Perspektive sein, aus der heraus Hiroshi Tokinoya seine Einschätzung abgegeben hat –, kann man sich des Eindrucks einer gewissen Schläfrigkeit nicht erwehren. In der Endphase des Bundestagswahlkampfs 2013, der immerhin ein spannendes Rennen zwischen den politischen Lagern versprach, legte das Institut für Demoskopie Allensbach seinen Befragten in einer repräsentativen Bevölkerungsumfrage eine Liste mit Themen vor und stellte dazu die Frage „Worüber haben Sie sich in letzter Zeit häufiger mal mit anderen unterhalten?“. Bei Fragen dieses Musters ist es stets wichtig, das Wetter mit in die Auswahl aufzunehmen (bzw. die Weihnachtsgeschenke, wenn die Umfrage zum Jahreswechsel stattfindet), denn damit erhält man einen guten Vergleichsmaßstab: Themen, die die Bevölkerung wirklich beschäftigen, erkennt man leicht daran, dass über sie mindestens ebenso häufig gesprochen wird wie über Sonne und Regen.

Als nun die Frage im Spätsommer 2013 den Befragten vorgelegt wurde, war die Bundestagswahl weit davon entfernt, dem Wetter als Gesprächsthema Konkurrenz zu machen: 78 Prozent gaben an, sich über die Witterung unterhalten zu haben. An zweiter Stelle, genannt von 64 Prozent, folgten Urlaub und Reisen, was verständlich ist angesichts des Umstandes, dass die Umfrage gegen Ende der Sommerferien stattfand. Auf Platz 3 und 4 folgten die ebenfalls als klassisch zu betrachtenden Gesprächsthemen Familie, Beziehung sowie Gesundheit. Dann erst, mit einem erheblichen Abstand zu den vorher aufgelisteten Punkten, folgte mit der Internet-Überwachung durch den amerikanischen Geheimdienst NSA das erste politische Thema – gerade einmal 46 Prozent hatten sich in den Wochen zuvor über diesen Gegenstand mit anderen unterhalten, obwohl er gleichzeitig sehr großen Raum in der Medienberichterstattung einnahm. Die näherrückende Bundestagswahl war sogar nur für 29 Prozent der Deutschen ein Gesprächsthema.[7]

Anders als oft angenommen, ist die Abwendung vieler Bürger von der Parteipolitik kein Kennzeichen für eine wachsende Resignation der Bevölkerung. Wie noch ausführlich zu betrachten sein wird, ist die Identifikation der Deutschen mit ihrem Staatswesen eher gewachsen als zurückgegangen. Und wie man leicht zeigen kann, ist es nicht Politikverdrossenheit, sondern in vielen Fällen eine Art satter Zufriedenheit, die dazu führt, dass viele Menschen sich weit weniger als früher über die Fragen der „großen Politik" aufregen.[8] Man kann das als problematisch betrachten: Der FDP-Vorsitzende Christian Lindner sprach im Mai 2015 von einer „Wohlfühlstagnation",[9] die im Land herrsche, und im Bundestagswahlkampf 2013 tauchte in den Reihen der Anhänger der damaligen Oppositionsparteien der neue Begriff der „asymmetrischen Demobilisierung" auf, mit dem unterstellt wurde, die Bundesregierung versuche die Bevölkerung mit einer Atmosphäre der behäbigen Zufriedenheit gleichsam einzuschläfern, damit die Gegner der Regierungsparteien der Wahl fernblieben.[10]

Gleich, wie man diese Entwicklung aus politikwissenschaftlicher oder staatsbürgerlicher Perspektive bewertet, es ist bemerkenswert, dass man sich in dieser Situation Sorgen um die Ruhe, nicht die Unruhe der Bevölkerung machte. Dabei soll hier nur am Rande auf die Skurrilität verwiesen werden, die darin liegt, dass es die deutsche öffentliche Diskussion fertigbringt, sich auch noch über eine Zufriedenheit signalisierende Ruhe aufzuregen – eine erstaunliche Fähigkeit, die mit der „Stern"-Titelgeschichte „Sitzen – die unterschätzte Gefahr" charmant illustriert wird.[11]

Wichtiger als dieser Kalauer und die eigenartige Besorgtheit ist aber die Tatsache, dass ruhiges Selbstbewusstsein heute anscheinend als charakteristische Eigenschaft der deutschen Gesellschaft angesehen wird, denn dieses Bild der Deutschen ist, historisch betrachtet, äußerst ungewöhnlich. Auf den Gedanken, die Deutschen könnten innerlich zu ruhig sein, wäre man vermutlich jahrhundertelang nicht gekommen. Traditionell haftet ihnen ganz im Gegenteil im In- und Ausland der Ruf des Wankelmuts an. Schon lange bevor die beiden Weltkriege des 20. Jahrhunderts und der Nationalsozialismus, wie wir noch sehen werden, das Selbstbewusstsein der Deutschen auf Jahrzehnte erschütterten, beschrieben so unterschiedliche Beobachter wie Madame de Staël, Heinrich Heine und Friedrich Nietzsche die eigenartigen Stimmungsschwankungen und die wiederkehrenden Selbstzweifel, die die Deutschen zu kennzeichnen schienen. Nietzsche fasste die Situation vielleicht am treffendsten zusammen mit seinem berühmten Bonmot, wonach es die Deutschen kennzeichne, dass bei ihnen die Frage „Was ist deutsch?" niemals aussterbe.[12]

Der schottische Politikwissenschaftler Richard Rose hat einmal die These aufgestellt, dass ein verlorener großer Krieg eine Nation für viele Jahrzehnte präge.[13] Er meinte, es dauere ein Jahrhundert, bis ein Volk eine vernichtende Niederlage mental überwunden habe. Wenn das stimmt, dann dürfte das gebrochene Verhältnis der Deutschen zu ihrer Nation seine Wurzeln in den Verwüstungen und Demütigungen während des 30jährigen Krieges (1618–1648) haben. Die Zersplitterung Deutschlands, seine Machtlosigkeit in den folgenden eineinhalb Jahrhunderten bis zur Auflösung des alten Kaiserreichs durch Napoleon waren Erfahrungen, die die Deutschen über Generationen prägten. Selbst das Bismarckreich, das den Menschen im 20. Jahrhundert rückblickend im Vergleich zu den Wirren der Weimarer Republik und der Katastrophe des Dritten Reiches als ein Hort der Stabilität erschien, war in vielerlei Hinsicht innerlich zerrissen und sich seiner selbst keineswegs immer sicher. Der kürzlich verstorbene Politikwissenschaftler und Zeithistoriker Hans-Peter Schwarz zitiert in einem Aufsatz zu den Umständen der Reichsgründung den Publizisten August Ludwig von Rochau mit einer sarkastischen Bemerkung aus dem Jahr 1869:

> „Die deutsche Vaterlandsliebe ist aus viel Dichtung und wenig Wahrheit zusammengesetzt. Es gibt keinen deutschen Nationalgeist im politischen Sinne des Wortes und mit der Richtung auf einen feststehenden politischen Zweck. Wir tragen die deutsche Einheit auf der Lippe und nicht im Herzen."[14]

Dieses Zitat beschreibt eine Situation, die in auffallendem Kontrast zur Lage vor der deutschen Einheit im Jahr 1990 steht, von der man sagen kann, dass die Menschen zumindest in Westdeutschland, wahrscheinlich aber ebenso in der DDR sie zwei Jahrzehnte lang nicht auf den Lippen, wohl aber im Herzen getragen hatten.[15] Doch vor allem zeigt es, warum das Kaiserreich von späteren Historikern mit gutem Grund als „ruheloses Reich“ bezeichnet wurde,[16] nämlich nicht nur, weil es in seinen späteren Jahren, nach 1890, mit seiner Außenpolitik zu jener Unruhe in Europa wesentlich beitrug, die schließlich in den Ersten Weltkrieg mündete, sondern auch wegen eines Mangels an innerer Festigkeit.

Vor allem durch die französische intellektuelle Debatte zieht sich seit zwei Jahrhunderten das Befremden angesichts dieses in seinen schwankenden Emotionen unberechenbaren Nachbarn. Madame de Staël schrieb bereits 1813: „In einem Reich, das seit Jahrhunderten zersplittert ist und wo, fast immer durch fremden Einfluss bewogen, Deutsche gegen Deutsche kämpften, kann keine große Vaterlandsliebe existieren, und auch die Liebe zum Ruhm kann nicht sehr lebhaft sein in einem Land, wo es kein Zentrum, keine Hauptstadt, keine Gesellschaft gibt.“[17] Über alle politischen und gesellschaftlichen Wechsel hinweg, in Zeiten der Freundschaft wie der Feindschaft, lässt sich dieses Befremden nachverfolgen. Im Jahr 1931 lieferte der Diplomat Pierre Viénot, der später zur Umgebung de Gaulles in dessen Londoner Exil gehören sollte, mit seinem Essay „Incertitudes Allemandes“ ein Stichwort, das sich bis heute gehalten hat.[18]

Die in der Literatur, von politischen Beobachtern und Philosophen immer wieder beschriebene Wankelmütigkeit der Deutschen ließ sich in den 1980er-Jahren tatsächlich auch mit den Mitteln der Sozialwissenschaften belegen. Im Jahr 1981 wurde in eine große internationale Umfrage, die „Internationale Wertestudie“, eine von dem Chicagoer Psychologen Norman Bradburn entwickelte Frage aufgenommen, bei der die Befragten mit emotionalen Situationen konfrontiert und gebeten wurden, anzugeben, ob sie selbst in letzter Zeit solche Gefühle erlebt hatten. Dazu wurden jeweils fünf positive und negative Gefühlssituationen beschrieben, beispielsweise „Ich war von etwas ganz begeistert, ganz besonderes interessiert daran", „Ich hatte mal das Gefühl, alles läuft so, wie ich es mir wünsche" oder „Ich habe mich sehr niedergeschlagen, sehr unglücklich gefühlt." Alle diese Aussagen zusammen bilden eine Skala des, wie Bradburn es nannte, „psychologischen Wohlbefindens". Man kann auch sagen: eine Glücksskala. Es zeigte sich, dass die Deutschen nach eigenen Angaben mehr positive und auch mehr negative Gefühle erlebt hatten als alle anderen an der Untersuchung beteiligten Völker (Abbil-

Abbildung 1

„Himmelhoch jauchzend ..." Die Bradburn'sche Affect Balance Scale 1981

Frage: „Wir möchten einmal herausfinden, wie sich die Menschen heute so im Allgemeinen fühlen – wie ging es Ihnen in der letzten Zeit – zum Beispiel ..." (Vorlesen von jeweils fünf positiven und negativen Gefühlssituationen)

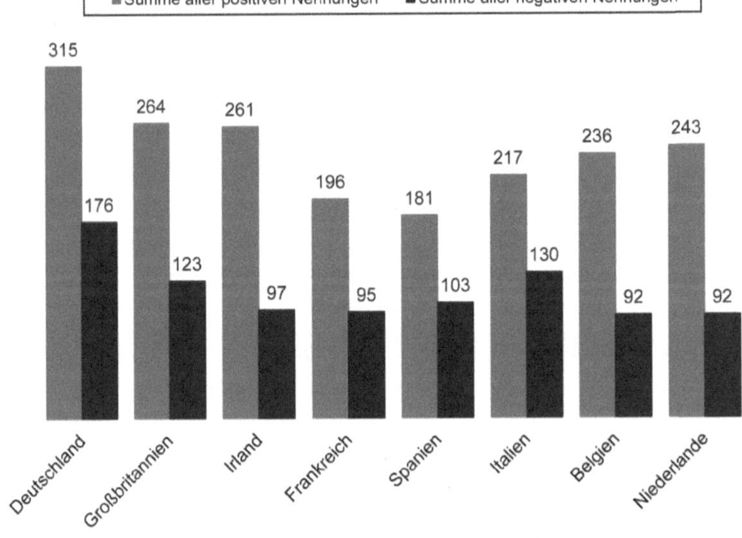

Quelle: Internationale Wertestudie 1981

dung 1). Die Ergebnisse sind in ihrer grafischen Darstellung wie eine Illustration des schon von Goethe beschriebenen Prinzips „Himmelhoch jauchzend – zu Tode betrübt".[19]

Es gibt viele Hinweise darauf, dass von dieser Neigung zur Emotionalität auch heute noch einiges vorhanden ist. Als der Dortmunder Statistiker Walter Krämer vor einigen Jahren auszählte, wie oft in der Berichterstattung europäischer Zeitungen Stichworte wie „BSE", „dioxinbelastet" oder „asbestverseucht" vorkamen, also Begriffe, die für zwar theoretisch gegebene, tatsächlich aber minimale und damit für die Zeitungsleser praktisch irrelevante Gefahren stehen, stellte er fest, dass unter den vier Zeitungen, die diese Worte am häufigsten verwendeten, drei deutsche waren.[20] Es hat also schon seinen guten Grund, dass sich in der englischen Sprache der Begriff „German Angst" eingebürgert hat.

Und doch hat sich seit dem Jahr 1981 etwas verändert, schleichend zwar, auf den ersten Blick kaum zu bemerken, aber doch charakteristisch: Im Januar 2015 wurde die Bradburn-Skala erneut in eine Repräsentativumfrage des Instituts für Demoskopie Allensbach aufgenommen. Es zeigte sich, dass die Zahl der zu Protokoll gegebenen positiven Stimmungserlebnisse zu, die der negativen abgenommen hatte (Abbildung 2). Die Deutschen sind – jedenfalls gemessen an den Kriterien der Bradburn-Skala – heute ein glücklicheres, vor allem aber ein etwas weniger zwischen positiven und negativen Stimmungen hin- und her schwankendes Volk als vor drei Jahrzehnten.

Auch für das erwähnte gebrochene Verhältnis der Deutschen zu ihrer eigenen Nation gibt es klare Belege aus der Umfrageforschung. Im Jahr 1986 veröffentlichten Elisabeth Noelle-Neumann und Renate Köcher ein Buch mit dem Titel „Die verletzte Nation", das im Wesentlichen auf den Ergebnissen der bereits erwähnten „Internationalen Wertestudie" aus dem Jahr 1981 beruhte. Vor allem das Einleitungskapitel mit dem Titel „Nationalgefühl und Glück" ist trotz seines fröhlich klingenden Titels durch einen seltsam düsteren, pessimistischen Grundton gekennzeichnet. Es lasse sich bei den Deutschen

Abbildung 2

Bradburn-Skala: Vergleich 1981–2015: Die positiven Empfindungen haben zugenommen

Frage: „Wir möchten einmal herausfinden, wie sich die Menschen heute so im Allgemeinen fühlen – wie ging es Ihnen in der letzten Zeit – zum Beispiel …" (Vorlesen von jeweils fünf positiven und negativen Gefühlssituationen)

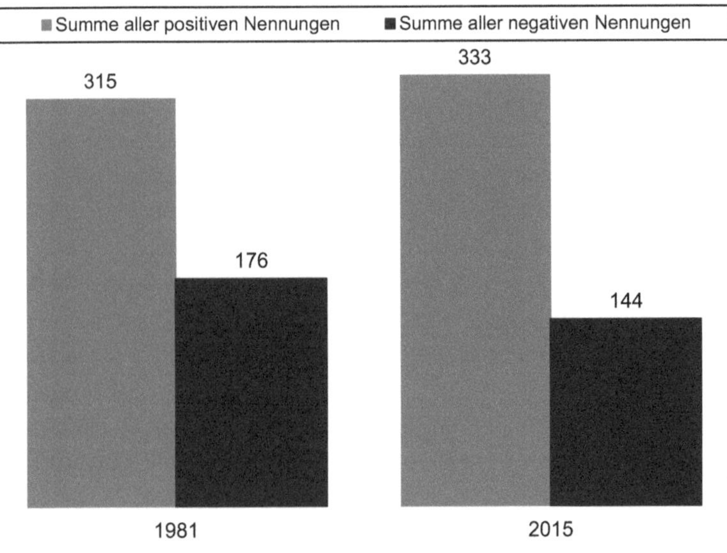

Quelle: Internationale Wertestudie 1981, Allensbacher Archiv, IfD-Umfrage Nr. 11034

etwas erkennen, schrieb Elisabeth Noelle-Neumann, „das man oberflächlich eine neurotische Disposition nennen könnte, eine dünne Haut (…)." Als Beispiel dafür, dass viele Deutsche sich nicht wohl in ihrer Haut zu fühlen schienen, nannte sie die oft gereizte Stimmung im Familienkreis:

„Wie man sich zu Hause fühle, wurde in der internationalen Wertestudie gefragt. ‚Oft gereizt' – ‚manchmal gereizt' sagten 60 Prozent der Deutschen, weit entfernt vom europäischen Durchschnitt (45 Prozent) und auch noch über den Amerikanern (55 Prozent) (…). 72 Prozent der Amerikaner sagen, sie fühlten sich zu Hause oft glücklich. In der Mehrzahl der europäischen Länder sagen dies um 60 Prozent, aber in Deutschland nur 46 Prozent (…)."[21]

Im internationalen Vergleich zeigten die (West)Deutschen bemerkenswert wenig Stolz, sei es auf die eigene Arbeit – und damit letztlich auf eigene Leistungen –, sei es auf die eigene nationale Identität. Letzteres hatte sich bereits 1970 bei einer international vergleichenden Umfrage gezeigt. 37 Prozent der befragten Deutschen hatten damals gesagt, sie seien stolz darauf, Deutscher zu sein. Niederländer waren dagegen zu 54 Prozent stolz auf die eigene Nationalität gewesen, Italiener zu 62 Prozent, Franzosen zu 65, Belgier zu 70 und Luxemburger zu 81 Prozent.[22] Wie abgesondert standen die Deutschen mit ihrem geringen Selbstbewusstsein unter den Europäern da, und es ist nicht gewagt anzunehmen, dass diese „Identitätskrise" eine späte Folge des Missbrauchs des Nationalstolzes im Dritten Reich war, eine Reaktion auf die Verbrechen der Nationalsozialisten, Ausdruck von Schuld, Scham und Verunsicherung, die viele Deutsche im Rückblick empfanden.

Die Folgen dieser nationalen Identitätskrise sind in Deutschland auch heute noch zu spüren, und doch wirken die Umfrageergebnisse aus den 1970er- und 80er-Jahren, als stammten sie aus einer anderen Welt. Von der „neurotischen Disposition", von der Elisabeth Noelle-Neumann sprach, ist drei Jahrzehnte später nicht mehr viel übrig geblieben.

Unsere These lautet, dass dies kein Zufall ist, sondern die Folge einer in der deutschen Geschichte einzigartigen Entwicklung. Zum ersten Mal seit Jahrhunderten konnten die Deutschen in ihrer Mehrzahl sieben Jahrzehnte lang (in den neuen Bundesländern inzwischen immerhin zweieinhalb Jahrzehnte) in Frieden, Freiheit und in (relativer) politischer und sozialer Stabilität leben. Damit ist auch der größte Teil jener Zeitspanne, von der Richard Rose meinte, ein Volk benötige sie, um eine vernichtende Niederlage zu verkraften, verstrichen. Nach sieben Jahrzehnten in Frieden und Freiheit scheinen die Deutschen ihren Hang zum Wankelmut und das gebrochene Verhältnis zu ihrer eigenen nationalen Identität, das sie über lange Zeit prägte, langsam abzuwerfen. Es ist sicherlich zu früh, von einer psychologisch „geheilten Nation" zu sprechen, doch es sieht so aus, als sei Deutschland auf dem Weg dorthin.

Wie die Deutschen in den letzten Jahrzehnten ihre Identitätskrise durchlitten haben und allmählich zu überwinden begannen, ist das Thema dieses Buches. Es bietet keine geschlossene Beweisführung. Kein Befund ist zwingend, kein Leser wird, wie am Ende eines sokratischen Gespräches, genötigt sein zu sagen: „Dem vorher Eingestandenen gemäß muss es sich so verhalten." Doch immerhin kann dieser Band eine Fülle von Indizien präsentieren, die dieses Ringen der Deutschen mit ihrer eigenen Geschichte und Identität illustrieren. Dabei ist unser Blickwinkel der der Demoskopie: Auf der Grundlage von Allensbacher Umfrageergebnissen aus den letzten sieben Jahrzehnten wird gezeigt, wie die Deutschen Stück für Stück Ruhe und Selbstbewusstsein zurückgewannen. Dieses Buch ist damit die Einladung zu einer Reise in die Zeitgeschichte und für viele Leser vermutlich auch eine Einladung zu einer Reise in die Geschichte des eigenen Denkens und Fühlens. Es ist eine Reise in eine oft überraschend fremde Welt.

2. Deutschland – eine „civic culture"?

Die allerersten Umfragen des Instituts für Demoskopie Allensbach waren Befragungen von Jugendlichen zwischen 15 und 25 Jahren im Auftrag der französischen Militärregierung, die sich Sorgen machte, ob man mit der damals jungen Generation, die in Diktatur und Krieg aufgewachsen war, eine freiheitliche Gesellschaft würde aufbauen können. Welches Weltbild, welche politischen Einstellungen, welche Lebenseinstellung hatten diese Jugendlichen? Fragen, die man zuverlässig nur mit der damals noch ganz neuen Methode der Repräsentativumfrage beantworten konnte. Am 8. Mai 1947 begann das Allensbacher Institut mit den ersten Probeinterviews. Es war die Geburtsstunde der deutschen Meinungsforschung.[23]

Die Ergebnisse dieser Jugendumfragen lassen eine niedergedrückte, resignierte Stimmung erkennen. Auf die Frage „Glauben Sie, dass innerhalb der nächsten fünf Jahre ein neuer Krieg ausbrechen wird?" antworteten 62 Prozent mit „Ja".[24] „Glauben Sie, dass man in fünf Jahren in Deutschland wieder Schuhe oder Kleidungsstücke im Laden frei kaufen kann?" Einer Mehrheit von 72 Prozent erschien diese Vorstellung im Oktober 1947 utopisch.[25] Es war nur folgerichtig, dass 38 Prozent die Frage „Möchten Sie gern aus Deutschland jetzt oder später auswandern?" mit „Ja" beantworteten.[26] In politischen Fragen zeigten die Jugendlichen eine desinteressierte Haltung. Auf die Frage „Interessieren Sie sich für die jetzigen politischen Parteien?" antworteten 72 Prozent mit „Nein".[27] Von der Politik erwarteten sie nichts und wollten nichts mehr von ihr wissen. Es deutete sich bereits die Haltung an, die der Soziologe Helmut Schelsky zehn Jahre später mit dem Stichwort der „skeptischen Generation" beschreiben sollte: Eine

Generation, die vor allem durch „Entpolitisierung und Entideologisierung" gekennzeichnet sei.[28]

Die vielleicht auffälligste Folge von zwölf Jahren Gewaltherrschaft und Terror war aber das grundsätzliche Misstrauen gegenüber anderen Menschen, das aus den Umfrageergebnissen sprach. „Glauben Sie, dass man den meisten Menschen vertrauen kann?" lautete eine vom amerikanischen Gallup-Institut übernommene Frage. 69 Prozent der Jugendlichen antworteten mit „Nein", nur 16 Prozent bejahten sie.[29] In den Jahrzehnten danach stieg der Anteil derer, die meinten, man könne den meisten Menschen vertrauen, langsam, aber beharrlich an. Im Januar 1987 überstieg er mit 42 Prozent erstmals die 40Prozent-Schwelle und erreichte damit ein Niveau, das sich seitdem gehalten hat.[30]

Dieses Muster sollte sich später, nach der deutschen Einheit im Jahr 1990, wiederholen: In der DDR meinten unmittelbar nach dem Fall der Mauer 23 Prozent der Bürger, man könne den meisten Menschen vertrauen,[31] und auch hier steigt der Wert – abgesehen von tagespolitisch bedingten Schwankungen – seitdem langsam an.[32] Diese Befunde stehen in einem auffallenden Widerspruch zu der weit verbreiteten Annahme, in der DDR habe es so viel menschliche Wärme gegeben. Vielleicht, meinte Elisabeth Noelle-Neumann einmal, sei das eine Verwechslung mit dem Gefühl der Geborgenheit, das in einer Diktatur dadurch entsteht, dass man in Abwesenheit von Pressefreiheit stets widerspruchsfreie Bestätigung erhält – sofern man sich nicht gegen das Regime stellt.[33] Die Befunde, wonach in der Diktatur trotz aller Bemühungen der Herrscher, den Eindruck allgemeiner Übereinstimmung zu erzeugen, ein Klima des Misstrauens entsteht, sind jedenfalls eindeutig – und angesichts der politikwissenschaftlichen Erkenntnisse der letzten Jahrhunderte auch nicht gerade überraschend. Bereits Aristoteles wies darauf hin, dass Tyrannen ihre Macht unter anderem darauf stützen, dass sie unter den Bürgern ihres Landes Misstrauen säen.[34]

Es ist nur folgerichtig, dass die Menschen in Westdeutschland nach dem Krieg, desillusioniert und misstrauisch, wie sie waren, nur wenig Hoffnung in die neu gegründete Bundesrepublik setzten. Und so war die junge Republik in den ersten zwei Jahrzehnten ihrer Existenz auch alles andere als gefestigt. Zwar stimmten die Bürger mit überwältigenden Mehrheiten bei Wahlen für demokratische Parteien, doch von einer tiefen inneren Akzeptanz demokratischer Prinzipien war die Gesellschaft noch weit entfernt.

Besonders aufschlussreich sind in diesem Zusammenhang die Ergebnisse einer berühmten Untersuchung der amerikanischen Politikwissenschaftler Gabriel Almond und Sidney Verba aus dem Jahr 1959. Sie stützten sich – damals noch sehr ungewöhnlich – auf vergleichende Umfragen zur Demokratieverankerung in fünf verschiedenen Ländern: den Vereinigten Staaten, Großbritannien, Italien, Mexiko und Westdeutschland.[35] Um die Perspektive zu verstehen, aus der heraus die deutsche Gesellschaft in Almonds und Verbas Studie analysiert wurde, muss man sich vor Augen halten, mit welcher Unsicherheit und Skepsis die Menschen und mit ihnen auch Wissenschaftler und die politisch Verantwortlichen in den westlichen Ländern in jener Zeit auf Westdeutschland blickten – immerhin lagen die Verbrechen des Dritten Reiches nur wenige Jahre zurück.

Adenauer berichtet in seinen Memoiren über ein Gespräch, das er bei einem Staatsbesuch in Großbritannien mit Winston Churchill führte, der kurz zuvor erneut zum britischen Premierminister gewählt worden war. Mitten in der Unterhaltung, bei der es um die europäische Einigung und die Rolle Großbritanniens auf dem Kontinent ging, fragte Churchill Adenauer plötzlich: „Sind Sie Preuße? Die Preußen sind Bösewichte. Ich habe Angst vor ihnen."[36]

Was tut man in einer solchen Situation? Adenauer lachte und versicherte, dass er kein Preuße sei. Doch das war natürlich gelogen. Er war in Köln geboren, damals die größte Stadt des nach den Napoleonischen Kriegen Preußen zugeschlagenen Rheinlands. Er hatte praktisch sein ganzes langes Leben im erweiterten Preußen verbracht, war 17 Jahre lang Kölner Oberbürgermeister und 13 Jahre lang Präsident des Preußischen Staatsrates gewesen, der zweiten preußischen Parlamentskammer in Berlin, in der die Provinzen vertreten waren.

Vermutlich wusste Churchill das alles. Doch seine Frage zielte auf etwas anderes: Hinter ihr stand die Idee eines „preußischen Militarismus", der angeblich in den Nationalsozialismus geführt, ihn vorbereitet hätte. Wenn diese These auch letztlich eher als Missverständnis sowohl Preußens und seiner militärischen wie nichtmilitärischen Traditionen als auch des Nationalsozialismus anzusehen ist,[37] so hat sie doch in jenen Jahren großen Einfluss auf das politische Handeln der Westmächte gegenüber Deutschland gehabt. Churchills plötzlicher Ausruf illustriert, wie Deutschland in den Vereinigten Staaten, Großbritannien und Frankreich damals wahrgenommen wurde. Natürlich wurde nicht übersehen, dass die Bundesrepublik Deutschland eine freiheitliche Demokratie war – sie war ja unter dem wesentlichen Einfluss der westlichen Besatzungsmächte entstanden. Auch führte der sich entwickelnde Kalte Krieg dazu, Westdeutschland zunehmend dem „eigenen Lager" zuzuordnen, also als Verbündeten zu betrachten. Aber stets schwang ein zwar schwer greifbares, doch immer wieder zu erkennendes Misstrauen mit, eine Unsicherheit, ob der Nationalsozialismus nicht doch das Resultat eines spezifisch deutschen Nationalcharakters gewesen sei, die Folge einer bestimmten Form des Autoritären, dessen Wurzeln in Preußen zu suchen seien. Man findet diese Vorstellung mehr oder weniger eindeutig formuliert bei Autoren der verschiedensten Denkrichtungen. So schrieb beispielsweise Herbert Marcuse bereits 1942, die Deutschen dächten „in quantitativen Verhältnissen, in den Kategorien von Geschwindigkeit, Geschicklichkeit, Energie, Organisation, Masse", und diese „Haltung der Sachlichkeit" lasse Hitler immer noch in milderem Licht erscheinen als die Weimarer Republik.[38] Die Frage zu stellen, ob die neue westdeutsche Demokratie stabil sein werde, bedeutete deswegen immer auch, die Frage zu stellen, ob die Deutschen ihren Charakter geändert hätten.

Auch in Gabriel Almonds and Sidney Verbas großer Pionierstudie „The Civic Culture" ist dieses unterschwellige Misstrauen gegenüber Deutschland zu spüren. Allerdings beherrscht es nicht vollständig die Analyse. Alles in allem zeigt die Untersuchung ein bemerkenswert tiefes Verständnis deutscher Geschichte und Traditionen. Damit ist „The Civic Culture“ zwar unzweifelhaft ein Kind seiner Zeit, doch das Beispiel der Behandlung der Daten aus Deutschland zeigt auch, wie gründlich Almond und Verba sich mit ihrem Untersuchungsgegenstand auseinandergesetzt hatten.

Das argumentative Kernelement der Studie bildet die Beschreibung dreier Gesellschaftstypen, die Almond und Verba glaubten, in ihren Umfragedaten erkennen zu können, und die sich in ihrem Verhältnis zwischen Bürger und Staat voneinander unterschieden. Da waren erstens die Gesellschaften, in denen die Bürger nahezu keine Beziehung zu ihrem Staatswesen, den Institutionen und der Politik hatten. Almond und Verba nannten diese Kultur, die sie in Teilen Mexikos vorfanden, die „parochiale“ politische Kultur, frei übersetzt: die Kirchhofskultur, in der die Bürger sich überwiegend für die Vorgänge am eigenen Wohnort, eben auf dem eigenen Kirchhof interessierten, nicht aber für die „große Politik“ in der Hauptstadt, die für sie weit weg lag.

Zweitens gab es nach Almond und Verba Länder, in denen die Bürger die Rolle des passiven Konsumenten oder Untertanen annahmen, in denen sie also Leistungen oder Befehle vom Staat erwarteten, sich aber nicht für ihn mitverantwortlich oder gar zu eigener Aktivität aufgerufen fühlten. „Subject Political Culture“ nannten die Autoren dieses Verhältnis zwischen Bürger und Staat. Meistens wird es etwas unglücklich mit "Untertanenkultur“ übersetzt, ein Begriff, der im Deutschen einen stark negativ wertenden Beiklang hat, wie er im englischen Original nicht ohne Weiteres gegeben ist. Es ging Almond und Verba bei der Begriffsfindung nicht um eine moralische Wertung, sondern lediglich um eine Beschreibung der Einstellung der Bürger gegenüber dem Staat.

Die dritte gesellschaftliche Grundhaltung schließlich bezeichneten Almond und Verba als die einer „politischen Kultur der Teilnahme“ („Participant Political Culture“), in der die Bürger sich als aktiver Bestandteil des Gemeinwesens verstanden, sich mit dem Staat identifizierten und demokratische Grundregeln auch über Parteigrenzen hinweg respektierten. Es wird deutlich, dass Almond und Verba die dritte Form im Prinzip für die am weitesten entwickelte hielten und sie am ehesten in den USA und in Großbritannien verwirklicht sahen, während sie in der Bundesrepublik Deutschland deutliche Elemente der „Untertanenkultur" zu erkennen glaubten.

Die höchste Entwicklungsstufe war aus Sicht Almonds und Verbas schließlich eine vierte, eher idealtypische Form der politischen Kultur, die hier nur der Vollständigkeit halber erwähnt werden soll, die „Bürgerkultur" („Civic Culture", daher auch der Titel des Buches). In ihr verstehen die Bürger sich nicht nur als aktiver Teil des Gemeinwesens, sondern sind darüber hinaus informiert und handeln rational und maßvoll. Hier stehen persönliche Interessen und Traditionen im Gleichgewicht, und der politische Eifer des Bürgers ist so weit gebremst, dass er nicht in Überpolitisierung und aggressive Massenbewegungen umschlagen kann.[39]

Dieser Befund ist, wie bereits angedeutet, sicherlich zum Teil auf das damalige Zeitklima und die Tatsache zurückzuführen, dass die Studie aus einem amerikanischen Blickwinkel heraus geschrieben ist. Allerdings lässt sie sich nicht darauf reduzieren. Almond und Verba konnten ihre Perspektive gut mit ihren Daten untermauern. So machten sie in den damaligen deutschen Verhältnissen eine Feindseligkeit zwischen den politischen Lagern aus, die nur wenig durch soziale Normen und Vertrauen gemildert war und die in ihrer Schärfe nur in einer „Untertanenkultur" denkbar war, in der sich die Bürger wehrlos den jeweils Regierenden ausgesetzt sehen und es deswegen weniger als Resultat eines normalen demokratischen Prozesses ansehen, wenn die „falsche" Partei an die Macht kommt, als vielmehr als eine existenzielle Bedrohung. Darüber hinaus beobachteten Almond und Verba eine auffallend passive, distanzierte Haltung gegenüber dem Staatswesen, die sich auch in den damaligen Allensbacher Umfragen durchaus in ähnlicher Form zeigte.

Tatsächlich gab es damals gute Gründe, sich um den Bestand der jungen westdeutschen Demokratie Sorgen zu machen. Die Identifikation mit dem demokratischen Staatswesen war gering, das Parteiensystem noch keinesfalls gefestigt, Anfang der 50er-Jahre durchaus auch anfällig für radikale Strömungen.[40] Verständlicherweise reagierten die Nachbarn Deutschlands nervös. Als der französische Außenminister Robert Schumann 1950 der Bundesregierung die gemeinsame Bewirtschaftung von Kohle und Stahl vorschlug, aus der sich schließlich die heutige Europäische Union entwickeln sollte, hatte er weniger das große Friedenswerk vor Augen, das er damit anstieß, als die Kontrolle dieses scheinbar unberechenbaren und gefährlichen Nachbarn.[41] Im Jahr 1959 war diese kritische Phase zwar bereits überwunden, wie sich aus heutiger Sicht leicht feststellen lässt, für die Zeitgenossen schien das aber keineswegs so offensichtlich. Damals beschrieben Almond und Verba sehr klar die politisch-kulturellen Aspekte in der deutschen Gesellschaft, die es damals unsicher erscheinen ließen, ob in Deutschland etwas aufgebaut werden könne, was man heute „Zivilgesellschaft" nennen würde, und – damit verknüpft – ob die deutsche Demokratie auf Dauer stabil sein würde. Almond und Verba schrieben:

„Wenn man sich die Geschichte Deutschlands und Großbritanniens anschaut, sieht es auf den ersten Blick so aus, als gebe es in beiden Gesellschaften die gleiche unterwürfige Haltung gegenüber Autoritäten, die man als Folge der langen Prägung durch autoritäre Regierungsformen betrachten kann. Doch es gibt einen wesentlichen Unterschied: Die Macht der britischen Regierungen in vordemokratischer Zeit war nie so groß und erdrückend wie die der deutschen. [Der Historiker Denis William] Brogan hat darauf hingewiesen, dass die Engländer selbst in den Zeiten, in denen sie ‚Untertanen' waren, stets große Freiräume hatten, die Freiheit, eigene Organisationen zu gründen und sich in gewissen Grenzen selbst zu verwalten. Mit anderen Worten: Selbst in den vielen Jahrhunderten, in denen England autoritär regiert wurde, gab es immer auch ein – wenn auch beschränktes – Element der Teilhabe in der politischen Kultur des Landes. Man sieht: Das Einsickern staatsbürgerlicher Haltungen in das Denken der Untertanen war ein Prozess, der sich über Jahrhunderte hinzog, und dessen Anfänge lange vor den Parlaments- und Wahlrechtsreformen des siebzehnten, achtzehnten und neunzehnten Jahrhunderts zu suchen sind. Diese Reformen wiederum wurden nicht auf eine harte und unerschütterliche Untertanenkultur aufgesetzt, sondern wurzelten in einer langen Tradition des Pluralismus und der Eigeninitiative.

Wie dagegen [der Historiker Leonard] Krieger in seiner tiefgreifenden Analyse der politischen Ideengeschichte Deutschlands und der deutschen politischen Bewegungen darlegt, bedeutete Freiheit in Deutschland – vom Aufbegehren der Fürsten gegen die kaiserliche Macht im Mittelalter bis hin zur Bildung des Nationalstaats im neunzehnten Jahrhundert – stets in erster Linie die Freiheit des Staates vor äußeren Einflüssen und nicht die Handlungsfreiheit und Teilhabe des Einzelnen."[42]

Dieser Analyse ist auch aus heutiger Sicht nicht viel hinzuzufügen. Es ist wahrscheinlich kein Zufall, dass der moderne Sozialstaat europäischer Prägung wesentlich in Deutschland entwickelt wurde, dass aber deutsche Denker und Politiker bemerkenswert wenig zur Entwicklungsgeschichte liberalen Denkens beigetragen haben[43] (womit wir selbstverständlich *nicht* sagen wollen, dass die Werke etwa eines Max Weber wirkungslos oder gar unbedeutend seien).[44] Almond und Verba fanden in ihrer Studie einige Hinweise, die die These stützten, wonach der westdeutschen Gesellschaft einige wesentliche Elemente fehlten, die zur Bildung einer „Participant Political Culture" unbedingt dazugehörten. Sie schrieben:

> „Die Deutschen sind mit der Leistung ihrer Regierung recht zufrieden, aber sie zeigen keine Nähe zu ihrem politischen System auf der symbolischen Ebene. Stattdessen überwiegt eine sehr pragmatische – wahrscheinlich übermäßig pragmatische – Einstellung. Es ist, als fände die intensive Politisierung, die Deutschland

in der Weimarer Republik und in der Nazi-Ära kennzeichnete, jetzt ihr Gegengewicht in einer distanzierten, pragmatischen, fast zynischen Haltung gegenüber der Politik. Auch die Einstellung der Bürger gegenüber ihren politisch aktiven Mitbürgern ist wahrscheinlich durch die jüngste Geschichte geprägt. Es gibt immer noch eine ausgeprägte Feindschaft zwischen den Anhängern der beiden großen Parteien, die nicht durch gemeinsame Grundwerte und das Vertrauen in allgemeine soziale Normen gemildert wird. Die Fähigkeit der Deutschen zur politischen Kooperation hält sich in engen Grenzen."[45]

Heute, mehr als 50 Jahre später, scheinen sich einige charakteristische Merkmale der deutschen Gesellschaft, die Almond und Verba in Westdeutschland beobachteten, verflüchtigt zu haben. Dafür kann man sie jetzt in einigen der neuen Demokratien in Ostmitteleuropa beobachten. Ein Beispiel ist die Feindseligkeit zwischen den politischen Lagern, die sich in Deutschland vor allem in den vergangenen zwei Jahrzehnten erheblich abgeschwächt hat, dafür beispielsweise in Ungarn sehr ausgeprägt vorhanden ist.[46]

Mit dem Abstand von einem halben Jahrhundert lässt sich heute sagen, dass Almond und Verba einen wesentlichen Faktor für die Entwicklung demokratischer Gesellschaften erfassten, als sie auf die Tatsache hinwiesen, dass Großbritannien auf eine lange Tradition freiheitlichen Denkens und politischer Partizipation zurückblicken konnte, während in Deutschland eine solche Tradition fehlte. Viele Menschen scheinen zu glauben, dass die Demokratie ein so überzeugendes Konzept ist, dass sie, wenn sie erst einmal in einem Land eingeführt ist, von der Bevölkerung begeistert akzeptiert wird. Die offensichtlichen Vorzüge des freiheitlichen Systems führten dazu, dass die Menschen die dazugehörigen Regeln rasch akzeptieren würden. Doch die Sozialforschung in Deutschland zeichnet ein anderes Bild. Sie lässt erkennen, dass die Durchsetzung demokratischer Prinzipien ein steiniger Weg ist. Menschen, die in Diktaturen aufgewachsen sind und dort ihre Werteorientierung vermittelt bekommen haben, können nicht über Nacht ihre Traditionen und Überzeugungen ablegen, selbst wenn sie rational erfassen, dass dies eigentlich notwendig wäre. Man kann rational durchaus begreifen, dass eine offene Gesellschaft aktive Bürger braucht, und dennoch unfähig sein, sich selbst dementsprechend zu verhalten.

Mit den Allensbacher Umfrageergebnissen der letzten sechs Jahrzehnte lässt sich die mühsame Entwicklung der deutschen Demokratie gut nachvollziehen. Einer der Kernbefunde in Almonds und Verbas Untersuchung war beispielsweise, dass die Deutschen tief gezeichnet waren vom Trauma des Dritten Reiches. Die maßlose Übersteigerung nationaler Emotionen in der Propaganda der Nationalsozialisten, die eng verknüpft war mit dem Größen- und Rassenwahn, der schließlich zur Entfesselung des Zweiten Weltkrieges und zum organisierten Massenmord an Juden und anderen Minderheiten führte, hatte bei der deutschen Bevölkerung eine derart starke Spur des Entsetzens hinterlassen, dass das Verhalten nun ins Gegenteil umschlug und jede emotionale Bindung an die eigenen Nation und das politische System vermieden wurde. Dies war auch dann noch der Fall, als die Menschen gegen Ende der 50er-Jahre feststellten, dass die junge Bundesrepublik ein außerordentlich erfolgreiches Staatswesen zu werden versprach, das der Bevölkerung nicht nur große Freiheiten, sondern auch einen rasch steigenden Wohlstand bescherte. Die Deutschen zeichneten sich, so stellten Almond und Verba 1963 auf der Grundlage ihrer intensiven Studien der westdeutschen Gesellschaft fest, durch viel politischen Verstand, aber wenig Bindung an das politische System aus.[47]

Beides: das aus der nationalsozialistischen Herrschaft herrührende Trauma und die geringe emotionale Bindung an das eigene politische System, hat sich inzwischen geändert. Die ersten Anzeichen dazu wurden 1989 von dem amerikanischen Politikwissenschaftler David P. Conradt in einem von Almond und Verba selbst herausgegebenen Sammelband zum Thema „Civic Culture" beschrieben.[48] Sie haben sich seitdem noch erheblich verstärkt. Vor allem die jüngere Generation der Deutschen scheint sich in den letzten Jahren zunehmend von den Schatten der Vergangenheit befreit zu haben. Das bedeutet nicht, dass die Kenntnisse über die nationalsozialistische Diktatur zurückgegangen sind, aber dieser Teil der deutschen Geschichte wird von der Bevölkerung immer weniger als eine persönliche Belastung empfunden. Betrachtet man die Entwicklung etwas genauer, dann erkennt man, dass die Verarbeitung der Vergangenheit sich in zwei Schritten vollzogen hat.

Zuerst mussten die Deutschen sich darüber klar werden, dass die nach dem Krieg geformte Bundesrepublik den früheren deutschen Staatskonstruktionen überlegen war und damit die eigene Lebenssituation sich besser darstellte als die der Eltern und Großeltern. Im Jahr 1959, also zu dem Zeitpunkt, als auch die Daten für „The Civic Culture" erhoben wurden, stellte das Allensbacher Institut in einer repräsentativen Bevölkerungsumfrage die Frage „Wann in diesem Jahrhundert ist es nach Ihrem Gefühl Deutschland am besten gegangen?". Eine Mehrheit von 50 Prozent der Befragten antwortete, Deutschlands beste Zeiten hätten in den Jahren vor 1939 gelegen. Die meisten von ihnen, nämlich 56 Prozent – das entspricht 28 Prozent der Gesamtbevölkerung –, dachten dabei an die sogenannte „gute alte Zeit" im Kaiserreich vor dem Ersten Weltkrieg. Dass es den Menschen in der Gegenwart, also in der Bundesrepublik des Jahres 1959, am besten ging, meinten nur 42 Prozent. Man erkennt an diesem Ergebnis, wie ausgeprägt damals noch das Misstrauen gegenüber der jungen Bundesrepublik war, obwohl die wirtschaftliche und soziale Lage der Westdeutschen bereits damals so gut war wie nie zuvor.

Seitdem haben sich die Antworten auf die Frage nach der besten Zeit im 20. Jahrhundert erheblich gewandelt. Bereits 1971 hatte sich die Zahl derjenigen, die sagten, die Gegenwart sei die beste Zeit für Deutschland im 20. Jahrhundert, verdoppelt; lediglich 12 Prozent hingen noch der „guten alten Zeit" an. Dieses Antwortmuster ist seitdem recht stabil geblieben. 2009 sagten 92 Prozent der Deutschen, die zweite Hälfte des 20. Jahrhunderts sei die beste Zeit für Deutschland gewesen (Abbildung 3). Wenn Westdeutsche heute von der „guten alten Zeit" sprechen, dann meinen sie meistens nicht das Kaiserreich, sondern die Jahre der frühen Bundesrepublik von den 1950er-Jahren bis 1989.[49]

Erst nach der allmählichen auch inneren Anerkennung der neuen Staatsform folgte der zweite Schritt der Verarbeitung der Vergangenheit: Erhebliche Zeit nachdem die Deutschen das demokratische Sys-

Abbildung 3

Abschied von der „guten alten Zeit"

Frage: „Wann im 20. Jahrhundert ist es nach Ihrem Gefühl Deutschland am besten gegangen: vor 1914, oder zwischen 1918 und 1933, oder zwischen 1933 und 1939, oder zwischen 1945 und 1989 (oder im wiedervereinigten Deutschland)?"

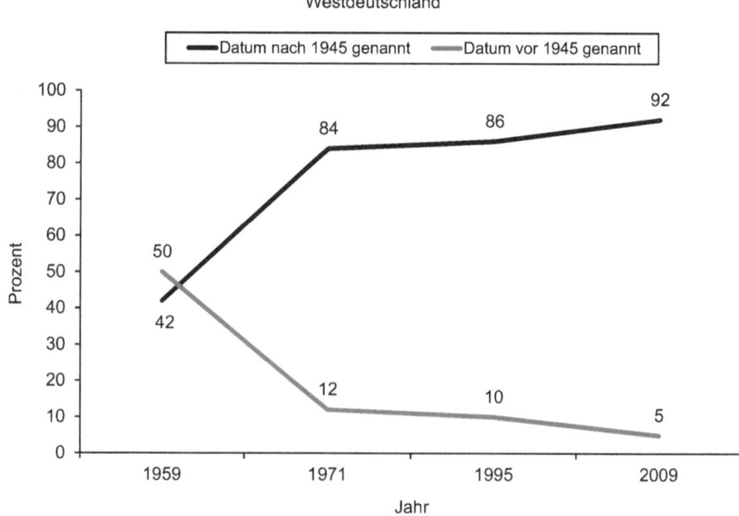

An 100 fehlende Prozent: Unentschieden oder keine Angabe

Quelle: Allensbacher Archiv, IfD-Umfragen Nr. 1032, 2100, 6013, 10032

tem der Bundesrepublik rational akzeptiert und seine positiven Auswirkungen auf die Lebensverhältnisse der Menschen registriert hatten, löste sich die Bevölkerung allmählich vom Trauma des Dritten Reiches und entwickelte damit auch die Fähigkeit, erneut eine emotionale Bindung an das Staatswesen und die eigene Nation aufzubauen. Im Jahr 1985 fragte das Allensbacher Institut: „Wie stark belastet Sie persönlich das, was im Dritten Reich und im Zweiten Weltkrieg geschehen ist?" 50 Prozent antworteten damals, dass sie sich „sehr stark" oder „stark" durch die Vergangenheit belastet fühl-

Abbildung 4

Die Schatten der Vergangenheit

Frage: „Wie stark belastet Sie persönlich das, was im Dritten Reich und im Zweiten Weltkrieg geschehen ist? Würden Sie sagen, es belastet Sie sehr stark, stark, kaum, gar nicht?"

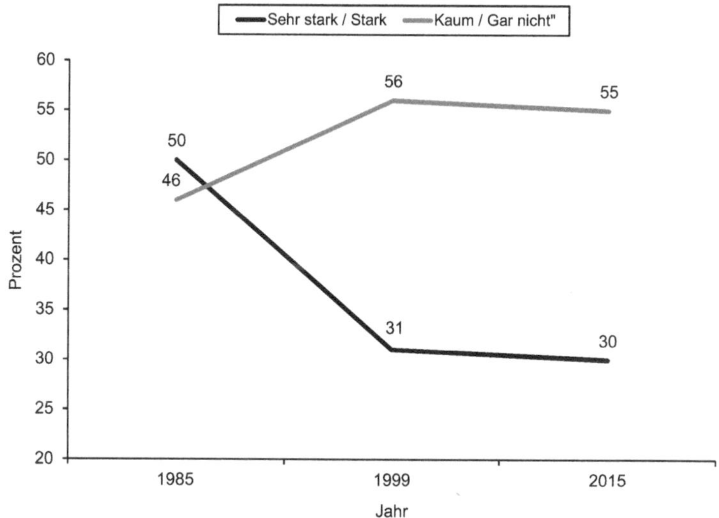

An 100 fehlende Prozent: „Weiß nicht"

Quelle: Allensbacher Archiv, IfD-Umfragen Nr. 4055, 6077, 11034

ten. Als die Frage im Jahr 1999 wiederholt wurde, war der Anteil derjenigen, die diese Antwort gaben, auf 31 Prozent gesunken, 2015 waren es mit 30 Prozent praktisch gleich viele. Fast zwei Drittel der Deutschen sagen heute, dass sie sich durch das Dritte Reich „kaum" oder „gar nicht" belastet fühlten (Abbildung 4). Es überrascht nicht, dass vor allem die Angehörigen der jungen Generation diese Antwort geben, aber auch die Älteren drückt die Last der Vergangenheit heute weniger als noch vor 30 Jahren.

Die allmähliche Aussöhnung der Deutschen mit ihrer nationalen Identität und ihre Einwurzelung in das politische System der Bundesrepublik sind verbunden mit einer tieferen Verankerung demokratischer Grundprinzipien in den Überzeugungen der Menschen abseits tagespolitischer Auseinandersetzungen. Beispielsweise hat das Prinzip des „starken Mannes", der, über den Parteien stehend, das Land gleichsam wie ein „guter König" mild, aber eben auch autoritär regiert, in den letzten Jahrzehnten deutlich an Attraktivität verloren. Im Jahr 1955 stimmte noch knapp ein Drittel der westdeutschen Bevölkerung folgender Aussage zu: „Mir gefällt es am besten, wenn das Volk den besten Politiker an die Spitze stellt und ihm die ganze Regierungsgewalt überträgt. Der kann dann mit ein paar ausgesuchten Fachleuten klar und schnell entscheiden. Es wird nicht viel geredet, und es geschieht wirklich was." Inzwischen ist der Anteil derjenigen an der Bevölkerung, die diese Position vertreten, auf unter ein Fünftel zurückgegangen (Abbildung 5).

Wie bereits erwähnt, hat sich die Feindseligkeit zwischen den politischen Lagern verringert. Das spiegelt sich im deutschen Parteiensystem wider. Bei der Bundestagswahl des Jahres 2009 hatten die beiden Volksparteien CDU/CSU und SPD zusammengenommen mit 56,8 Prozent so wenig Stimmen erhalten wie nie zuvor in der Geschichte der Bundesrepublik Deutschland. Bei der Bundestagswahl 2013 waren es mit 67,2 Prozent zwar wieder deutlich mehr, doch auch dies ist der drittniedrigste Wert in der Geschichte der Bundesrepublik Deutschland, der zweitniedrigste seit 1953. Von einer Trend-

Abbildung 5

Der „starke Mann“

Frage: „Zwei Männer unterhalten sich darüber, wie man ein Land regieren soll.

Der eine sagt: ‚Mir gefällt es am besten, wenn das Volk den besten Politiker an die Spitze stellt und ihm die ganze Regierungsgewalt überträgt. Der kann dann mit ein paar ausgesuchten Fachleuten klar und schnell entscheiden. Es wird nicht viel geredet, und es geschieht wirklich was.‘

Der andere sagt: ‚Mir ist es lieber, wenn mehrere Leute etwas im Staat zu bestimmen haben. Da geht es zwar manchmal hin und her, bis was getan wird, aber es kann nicht so leicht vorkommen, dass die Regierungsgewalt missbraucht wird.‘

Welche dieser Meinungen kommt Ihrer eigenen am nächsten – die erste oder die zweite?“

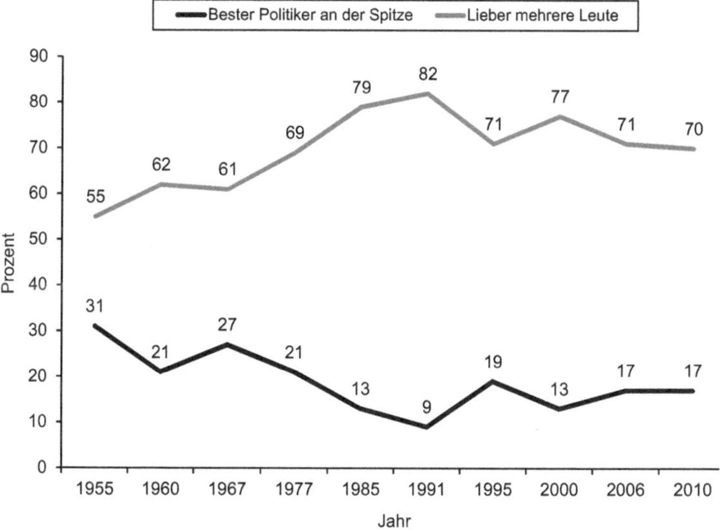

Quelle: Allensbacher Archiv, IfD-Umfragen

wende kann deswegen bis auf Weiteres keine Rede sein. Auch für die Bundestagswahl 2017 ist nach dem Stand der Umfragen vom August 2017 eher mit einer weiteren Zersplitterung des Parteiensystems zu rechnen. In den 1970er-Jahren hatten CDU/CSU und SPD das politische Spektrum mit gemeinsamen Wähleranteilen von rund 90 Prozent fast vollständig dominiert. Die Erosion der Bedeutung der Volksparteien,[50] die sich seit etwa 40 Jahren langsam, aber beharrlich fortsetzt, ist dabei, anders als oft angenommen wird, nicht als Resultat einer zunehmenden Verdrossenheit der Bevölkerung mit den führenden etablierenden Parteien zu deuten,[51] sondern als Zeichen von Veränderungen in der Gesellschaftsstruktur und nicht zuletzt der politischen Psychologie. Denn das grundsätzlich mobilisierbare Wählerpotenzial von CDU/CSU und SPD ist nicht annähernd in dem Maße geschrumpft, wie es die Wahlergebnisse vermuten lassen. Der Anteil derjenigen an der deutschen Bevölkerung, die sagen, sie könnten sich vorstellen, bei einer der kommenden Wahlen die CDU/CSU zu wählen, hat sich seit Mitte der 1970er-Jahre nicht wesentlich verändert; er liegt unverändert bei etwa 50 Prozent. Zurückgegangen ist lediglich der Anteil derjenigen, die sagen, sie könnten sich *nur* vorstellen, die Christdemokraten zu wählen, keine andere Partei komme für sie infrage (Abbildung 6). Ähnliches gilt, wenn auch mit gewissen Abstrichen, für die SPD.[52] Die Zahl der an eine bestimmte Partei oder auch an ein bestimmtes politisches Konzept unauflöslich gebundenen Wähler ist deutlich zurückgegangen, der Wähleraustausch zwischen den Parteien wächst.[53] Ob man für die eine oder andere politische Partei eintritt, ist weniger eine Glaubensfrage; es ist heute mehr eine Frage der politischen Pragmatik geworden.[54]

Folgt man dem von Almond und Verba aufgestellten Schema, dann lässt sich sagen, dass Elemente, die zum Konzept der „Subject Political Culture" gehören, in der deutschen Gesellschaft eindeutig abgebaut wurden. Nach der mehr oder weniger implizit angenommenen These, wonach die drei politischen Kulturtypen verschiedene Stadien der Fortentwicklung demokratischer Gesellschaften darstel-

Abbildung 6

Anteil der Stamm-Anhänger an der gesamten Anhängerschaft von CDU/ CSU und SPD

Anteil der Anhänger der betreffenden Partei, die sagen, sie könnten sich nicht vorstellen, eine andere Partei zu wählen

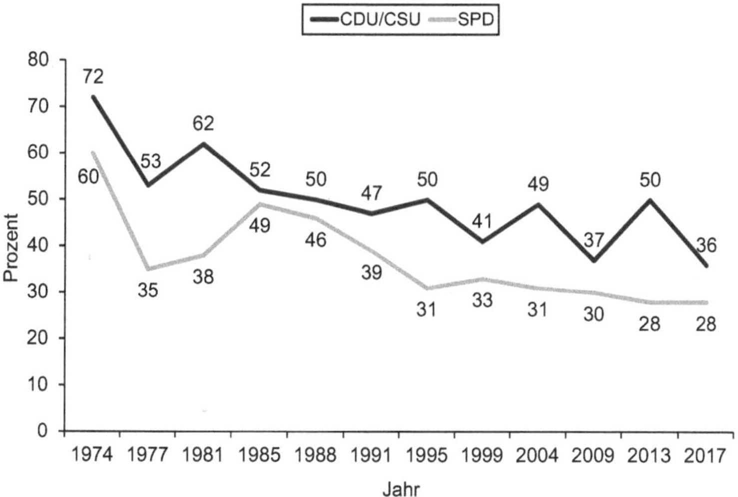

Quelle: Allensbacher Archiv, IfD-Umfragen

len, müssten sich dementsprechend die Kennzeichen einer „Kultur der Teilhabe" gemehrt haben, also einer politischen Kultur, in der die Bürger sich zunehmend engagieren, weil sie sich als aktiver Bestandteil des politischen Systems betrachten. Trifft das auf Deutschland zu? Angesichts der Allensbacher Umfragen stellt sich zunächst der Eindruck ein, dass dies nicht der Fall sei. Die Wahlbeteiligung bei Bundestagswahlen, vor allem aber bei Landtagswahlen hat deutlich abgenommen, die Zahl der Mitglieder der politischen Parteien geht zurück.[55] Darüber hinaus hat das Land – wie viele andere westliche Länder auch – seit den 1990er-Jahren wiederkehrende Wellen der Politikverdrossenheit und eine Erosion des Vertrauens in staatliche Institutionen erlebt.[56]

Doch auf den zweiten Blick relativieren sich diese Befunde. Die sinkende Wahlbeteiligung ist weniger Ausdruck einer bewussten Abwendung der Bevölkerung von der Politik als vielmehr die Folge sich ändernder Normen: Während sich in den 60er- und 70er-Jahren viele Bürger verpflichtet fühlten, zur Wahl zu gehen, auch wenn sie sich wenig für Politik interessierten und geringe politische Kenntnisse hatten, ist dies heute wesentlich weniger der Fall.[57] Damit ist diese Entwicklung eher als ein Zeichen des zunehmend selbstbewussten Umgangs der Bürger mit der Politik zu deuten – und damit als eine Veränderung, die durchaus in das Schema von Almond und Verba passt.[58] Und was den oft beklagten Niedergang des Vertrauens in staatliche Institutionen betrifft, so mehren sich die Hinweise darauf, dass es sich hierbei eher um ein tagespolitisch motiviertes und durch vermutlich vorübergehende Strukturen der Medienberichterstattung befördertes Phänomen handelt,[59] das seinen Höhepunkt inzwischen wahrscheinlich überschritten hat.[60]

Angesichts solcher vermutlich zeitgebundenen Phänomene, die bei oberflächlicher Betrachtung auf eine Entfremdung der Bevölkerung vom politischen System hinzudeuten schienen, wurden andere, in die Gegenrichtung deutende Entwicklungen lange übersehen. So stieg beispielsweise von Ende der 1950er- bis zur Mitte der 1970er-Jahre der Anteil derjenigen an der westdeutschen Bevölkerung, die sagten, sie interessierten sich für Politik, von unter 30 auf um die 50 Prozent an. Dieser Wert ist seitdem stabil geblieben, was zeigt, dass die sinkende Wahlbeteiligung in den letzten Jahren keineswegs mit einer generellen Abwendung von der Politik gleichgesetzt werden kann (Abbildung 7). Der Anstieg des Interesses in den 1960er-Jahren ist, wie Untersuchungen des Allensbacher Instituts belegen, zum Teil eine Folge der Durchsetzung des Fernsehens als Massenmedium und der damit einhergehenden veränderten Wahrnehmung politischer Prozesse.[61] Doch das ändert nichts daran, dass die Zahlen alles in allem eine zunehmende Hinwendung zum politischen Geschehen dokumentieren.

Schaut man sich die Trendentwicklung bei Fragen zur Zufriedenheit mit der Demokratie in Deutschland in den letzten zwei Jahrzehnten an, dann stellt man fest, dass trotz der erwähnten wiederkehrenden Wellen von Parteienverdrossenheit nichts von einer grundsätzlichen Abwendung vom politischen System zu erkennen

Abbildung 7

Politikinteresse

Frage: „Interessieren Sie sich für Politik?"

Antwort: „Ja."

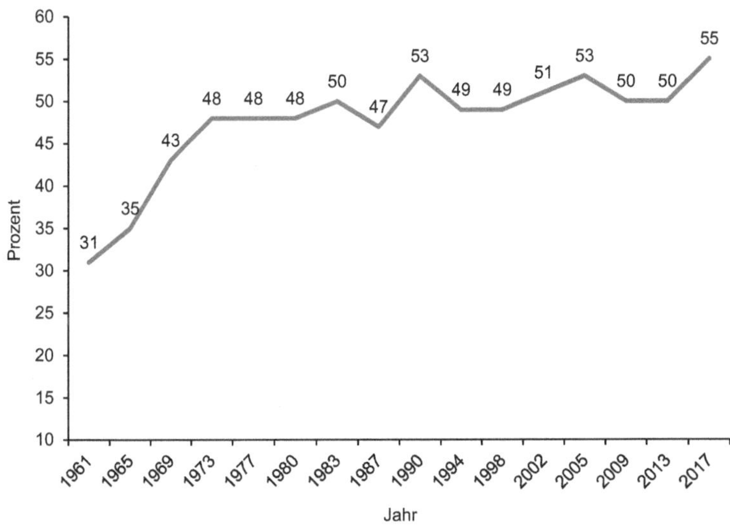

Quelle: Allensbacher Archiv, IfD-Umfragen, 1994–2013 Jahresdurchschnittswerte, 2017: Nr. 11066 (Januar 2017)

ist. Eher zeigt sich das Gegenteil. Der Anteil derjenigen, die sagen, sie seien mit der Demokratie in der Bundesrepublik Deutschland einigermaßen zufrieden oder sogar sehr zufrieden, ist in den Jahren von 2003 bis 2017 von 67 Prozent auf 75 Prozent gestiegen. Die Zahl derer, die sich ausdrücklich unzufrieden äußern, hat sich von 29 auf 17 Prozent verringert, und dies, obwohl die jüngsten Werte vom Januar 2017 stammen, also zu einem Zeitpunkt erhoben wurden, an dem die Bevölkerung angesichts sehr großer Flüchtlingszahlen der beiden Jahre zuvor noch immer verunsichert war (Abbildung 8). Am Rande sei vermerkt, dass in den neuen Bundesländern die Zufriedenheit mit der Demokratie besonders stark angestiegen ist, sodass sich in diesem Punkt der anfangs beträchtliche Abstand zwischen Ost- und Westdeutschland mehr als halbiert hat. Das ist ein Befund, der sich gut in eine Vielzahl von Umfrageergebnissen aus der jüngeren Zeit einfügt, die zeigen, dass die weltanschaulichen und atmosphärischen Konflikte zwischen West- und Ostdeutschen, die das öffentliche Klima in den 90er-Jahren stark prägten, inzwischen in rascher Auflösung begriffen sind.[62]

Auch von einem wachsenden Fatalismus angesichts einer vermeintlich ohne Rücksicht auf den Bürger agierenden politischen Klasse ist nicht viel zu erkennen. Auf die Frage „Glauben Sie, dass es zwischen den einzelnen Parteien im Bundestag große Unterschiede gibt, oder sind die Parteien im Grunde genommen alle gleich?" antworteten im Jahr 1991, also noch vor Aufkommen der öffentlichen Diskussion um die Parteienverdrossenheit, 61 Prozent der vom Allensbacher Institut befragten Bürger, es gebe durchaus Unterschiede zwischen den Parteien. Nur 31 Prozent meinten, die Parteien seien doch eigentlich alle gleich. In den rund zwei Jahrzehnten, die seitdem vergangen sind, ist der Anteil derer, die die Parteien für austauschbar halten, nicht etwa, wie man angesichts des Tenors der öffentlichen Diskussion der letzten Jahre vielleicht vermuten könnte, gewachsen, sondern alles in allem gleich geblieben. Im Jahr 2013 hielten 24 Prozent die Parteien für austauschbar, im März 2014, nach der Bundes-

Abbildung 8

Zufriedenheit mit der Demokratie

Frage: „Wie zufrieden sind Sie im Allgemeinen mit der Demokratie in der Bundesrepublik und mit unserem ganzen politischen System?"

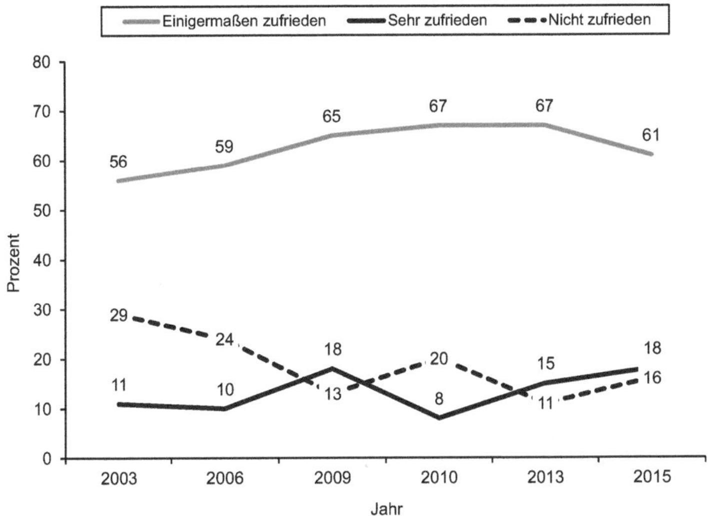

Quelle: Allensbacher Archiv, IfD-Umfragen Nr. 5180, 7097, 10049, 11006, 11034, 11066

tagswahl, bei der die FDP unter 5 Prozent der Zweistimmen fiel und das Parlament verlassen musste, waren es 34 Prozent – ein Unterschied zu 1991, der so gering ist, dass man ihn nicht inhaltlich interpretieren kann.[63]

Folgerichtig stimmte im Jahr 2013 auch nur eine Minderheit von 27 Prozent der Bevölkerung der Aussage zu, es bringe nichts, sich politisch zu engagieren, da könne man als Bürger ohnehin nichts ausrichten. Die Gruppe der von der Politik Entfremdeten beträgt also rund ein Viertel der Bevölkerung. Es ist nicht gewagt anzunehmen, dass man in jeder demokratischen Gesellschaft einen solchen

Anteil Enttäuschter finden wird. Wichtiger ist, dass eine überwältigende Mehrheit von 60 Prozent der Befragten der Aussage widersprach und sich auch die junge Generation nicht resignierter zeigte als die älteren Altersgruppen.[64] Alle diese Befunde bestätigen die Ergebnisse von Langzeituntersuchungen, die zeigen, dass die Bevölkerung abseits der mit der Tagespolitik verknüpften Diskussion um Politikverdrossenheit in den letzten Jahrzehnten, vermutlich meist ohne es selbst zu merken, die Regeln und Prinzipien des demokratischen Staatswesens zunehmend verinnerlicht hat. Dabei dürfte sie auch zunehmend den Eindruck bekommen haben, der Bürger sei nicht nur ein Objekt des demokratischen Staates, sondern ein ihn aktiv mitprägendes Mitglied.

Die vielleicht bemerkenswerteste Entwicklung in diesem Zusammenhang ist die Zunahme des ehrenamtlichen Engagements der deutschen Bevölkerung. In den 1950er-Jahren sagten bei den Umfragen des Allensbacher Instituts weniger als 10 Prozent der westdeutschen Bevölkerung, sie seien aktiv ehrenamtlich tätig, beispielsweise in Parteien, Kirchen, Vereinen oder sozialen Organisationen. Heute liegt der Anteil bei knapp 30 Prozent (Abbildung 9). Man muss annehmen, dass diese Zahlen die tatsächliche Entwicklung überzeichnen, denn sie sind mit wechselnden Frageformulierungen erhoben worden, wobei die in jüngerer Zeit verwendeten Fragen den Bereich der ehrenamtlichen Tätigkeit etwas weiter fassten. Doch der Hauptbefund ist davon unberührt: Die gesellschaftliche Akzeptanz des ehrenamtlichen Engagements ist überwältigend. 85 Prozent der ehrenamtlich Tätigen sagten im Januar 2010, dass ihre Familie ihr Engagement unterstütze, nur 4 Prozent sagten, dass sie dafür belächelt würden, ebenfalls 4 Prozent berichteten davon, dass ihre ehrenamtliche Tätigkeit zu Konflikten in der Familie führe. Zweifellos haben sich auch die äußeren Bedingungen für das Ehrenamt gegenüber früheren Jahren verbessert: 36 Prozent der ehrenamtlich Tätigen berichteten, dass sie für ihre Tätigkeit eine Entschädigung erhielten, Räume oder Ausstattung gestellt bekämen oder anderweitig unterstützt würden. Doch die große Mehrheit von 63 Prozent sagte, sie bekomme nichts dergleichen, und diejenigen, die eine solche Unterstützung erhielten, sagten wiederum mehrheitlich, sie wären darauf „weniger stark" oder gar nicht angewiesen.[65]

Alles in allem kann man angesichts dieser Ergebnisse durchaus von einer zunehmenden Verankerung demokratischer Werte sprechen. Etwas überraschend ist vielleicht, wie langsam, ja schleichend die Veränderung vonstattengegangen ist, obwohl Almond und Verba mit ihrem Hinweis auf die jahrhundertelange freiheitliche Tradition Großbritanniens durchaus den entscheidenden Hinweis gegeben hat-

Abbildung 9

Zunahme der Zahl der ehrenamtlich Tätigen

Es haben ein Ehrenamt oder arbeiten privat aktiv in Gruppen oder Organisationen mit (wechselnde Frageformulierungen):

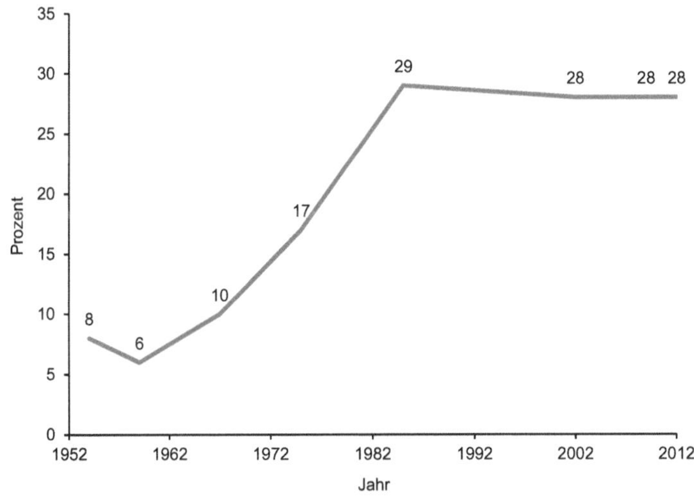

Quelle: Allensbacher Archiv, IfD-Umfragen

ten. Als 1959 die Befragung zu „The Civic Culture“ stattfand, war die deutsche Demokratie gerade ein Jahrzehnt alt; sie war von der Bevölkerung akzeptiert, aber noch nicht in jeder Beziehung verinnerlicht. Heute zeigt die deutsche Gesellschaft die Kennzeichen einer „gealterten“ Demokratie. Dies macht deutlich, dass eine Gesellschaft Zeit braucht – oft mehrere Generationen –, um sich an die Demokratie zu gewöhnen und die politische und gesellschaftliche Kultur zu entwickeln, auf die freiheitliche Systeme auf Dauer angewiesen sind. Vielleicht ist es gelegentlich hilfreich, sich dies bei der Debatte um den Aufbau neuer Demokratien in anderen Ländern vor Augen zu führen. Es ist offensichtlich naiv anzunehmen, dass man in einem Land lediglich die Demokratie einführen müsse, und schon habe man dort auch eine demokratische Gesellschaft. Nicht nur die Geschichte der Weimarer Republik lehrt,[66] dass freiheitliche Gesellschaften keineswegs über Nacht entstehen. Auch das Schicksal Russlands in den vergangenen zwei Jahrzehnten oder der Verlauf des „Arabischen Frühlings“ in Ägypten führen dies vor Augen.

Die Bürger einer jungen, noch unsicheren und die einer seit Jahrzehnten stabilen Demokratie unterscheiden sich nicht nur darin, dass unterschiedliche Lebenserfahrungen sie geprägt haben. Sie sind unterschiedliche Staatsbürger. Sie sind in Bezug auf ihr Verhältnis zum Staatswesen, aber auch auf ihre Lebenseinstellungen, weltanschaulichen Überzeugungen und ihr Verhalten im öffentlichen politischen Raum unterschiedliche Menschen.[67]

3. Die Deutschen und ihre Nationalsymbole

Im letzten Kapitel wurde ein Satz der amerikanischen Politikwissenschaftler Gabriel Almond und Sidney Verba zitiert, der dem Leser vielleicht etwas seltsam erscheinen mag. Mit Blick auf die Gesellschaft der frühen Bundesrepublik schrieben sie, die Deutschen seien mit der Leistung ihrer Regierung recht zufrieden, zeigten aber „keine Nähe zu ihrem politischen System auf der symbolischen Ebene."[68] Was ist damit gemeint, und warum ist dieser Punkt so bedeutend?

Tatsächlich lässt sich die emotionale Bindung von Menschen an abstrakte Gebilde wie Staaten, Regionen oder Vereinigungen besonders gut analysieren, wenn man ihre Haltung gegenüber deren Symbolen betrachtet. Im Alltag zeigt sich dies etwa besonders deutlich am Beispiel von Produktmarken: Wenn ein Mensch ein Markensymbol zur Schau trägt, enthält dies stets ein Element des Bekenntnisses und dient anderen Menschen zur Kategorisierung der betreffenden Person. Wer ein Mobiltelefon von Apple in der Öffentlichkeit herumträgt, gibt sich damit, ob er will oder nicht, als vermeintlicher Anhänger dieser Marke zu erkennen, und andere werden auf der Grundlage dieser Information Rückschlüsse auf seine Persönlichkeit ziehen. Demonstrativ mit einem Mercedes, Saab oder Tesla vorzufahren ist ebenso ein Element der Darstellung der eigenen Persönlichkeit wie das Tragen bestimmter Kleidermarken. Das Bedürfnis, sich mit bestimmten Markenzeichen zu schmücken, kann dabei recht seltsame Formen annehmen: Vor einigen Jahren brachten einige Hersteller von Unterwäsche ihre Markenzeichen deutlich sichtbar an der Außenseite ihrer Produkte an, obwohl Dritte sie dort normalerweise nicht zu sehen bekommen. Im Prinzip gilt das Gleiche auch für die Symbole als „Markenzeichen“ von Regionen, Staaten, Vereinen, Parteien und anderen Organisationen. Man denke an Parteiaufkleber und anstecker, die weit verbreiteten Autoaufkleber, welche die charakteristischen Umrisse von Sylt, Rügen oder dem Bodensee zeigen, an Kaffeetassen mit den Wappen diverser Städte und Landschaften oder an die Schals und Fahnen von Fußballvereinen, die man in zahllosen Autofenstern besichtigen kann.

Jede erfolgreiche Marke bezieht ihre Kraft daraus, dass sie ihre Kunden bzw. Anhänger an sich bindet, entweder in Form eines Vertrauensverhältnisses („Da weiß man, was man hat“) oder aber, mindestens ebenso wichtig, auf einer emotionalen Ebene. Ein Mittel der Darstellung dieser Bindung ist die Verwendung der Symbole der betreffenden Marke: etwa die schwarz-gelben Trikots der Spieler von Borussia Dortmund, die „Raute“ des Hamburger Sportvereins, der „Atomkraft? Nein danke“-Aufkleber. Wer sie zur Schau trägt, dokumentiert damit, dass er zum „Club“ dazugehört, aber auch, dass er diese Markenbindung als Teil seiner Persönlichkeit ansieht. Der Vergleich zwischen Staaten und Produktmarken ist gar nicht so weit hergeholt, wie es auf den ersten Blick scheinen mag. Auch auf der Ebene der Nationen ist das Thema „Marke“ von Bedeutung. Nicht umsonst spricht man vom „Nation Branding“, also dem Versuch, den Namen und das Bild einer Nation mit Assoziationen des Erfolgs und positiven Gefühlen zu verknüpfen. Nicht immer gelingt das, manchmal aber schon: Der Slogan zur Fußballweltmeisterschaft 2006 „Die Welt zu Gast bei Freunden“ wurde damals allgemein als erfolgreich eingestuft.

Starke Marken erzeugen starke Bindungen und haben attraktive Symbole, schwache Marken erzeugen schwache Bindungen und haben damit auch weniger attraktive Symbole. Das gilt ohne Einschränkung auch für Staaten und politische Systeme. Wenn sich die Bürger eines Landes nicht zu den nationalen Symbolen bekennen, ist das ein Zeichen für eine geringe Bindung der Bürger an ihren Staat. Es ist deswegen von großer Bedeutung, wenn sich die Einstellung der Bürger gegenüber ihren Nationalsymbolen, wie in der deutschen Geschichte mehrmals geschehen, grundlegend ändert. Die Muster, nach denen sich diese Änderung vollzieht, lehren einiges über die Mechanismen und mehr noch über die Rhythmen des Aufbaus nationaler Identifikation.

Ein mittlerweile regelrecht berühmt gewordenes Beispiel dafür, wie sich die Haltung der Menschen gegenüber ihren Nationalsymbolen ändern kann und welche Tragweite dieser Wandel hat, ist das Verhalten der Bevölkerung während der Fußballweltmeisterschaft 2006. Am meisten waren die Deutschen wohl selbst davon überrascht, mit welcher Fröhlichkeit in den Wochen des Turniers scheinbar überall schwarz-rot-goldene Fahnen geschwenkt wurden, mit welcher scheinbaren Selbstverständlichkeit Zehntausende in den Fußballstadien das Deutschlandlied sangen, dröhnend und deutlich, sodass es die Millionen Zuschauer der Fernsehübertragungen in aller Welt leicht hätten mitsingen können. Der Kontrast zu früheren Zeiten hätte kaum deutlicher sein können: Drei Jahrzehnte zuvor, bei der Fußballweltmeisterschaft 1974, war das Publikum regelmäßig verstummt, wenn die Nationalhymne erklang. Im August 2006 stellte das Institut für Demoskopie Allensbach in einer repräsentativen Bevölkerungsumfrage die Frage: „Während der Fußballweltmeisterschaft waren ja überall viele Deutschlandfahnen und andere Fanartikel in Schwarz-Rot-Gold zu sehen. Hat Sie das eigentlich überrascht, oder fanden Sie das bei einer WM im eigenen Land ganz normal?“ 58 Prozent der Befragten antworteten, der nationale Überschwang habe sie überrascht, nur etwas mehr als ein Drittel, 37 Prozent, meinte, das sei bei einer Weltmeisterschaft im eigenen Land normal, wobei bemerkenswerterweise nur die junge Generation der unter 30-Jährigen mit einer knappen Mehrheit von 51 Prozent der zweiten Aussage zustimmte (Abbildung 10).

Wächst, so konnte man sich fragen, in Deutschland eine junge Generation heran, die sich unbefangener, unbelasteter durch den Missbrauch nationaler Symbole durch die Nationalsozialisten als

Abbildung 10

Schwarz-Rot-Gold als Überraschung

Frage: „Während der Fußballweltmeisterschaft waren ja überall viele Deutschlandfahnen und andere Fanartikel in Schwarz-Rot-Gold zu sehen. Hat Sie das eigentlich überrascht, oder fanden Sie das bei einer WM im eigenen Land ganz normal?"

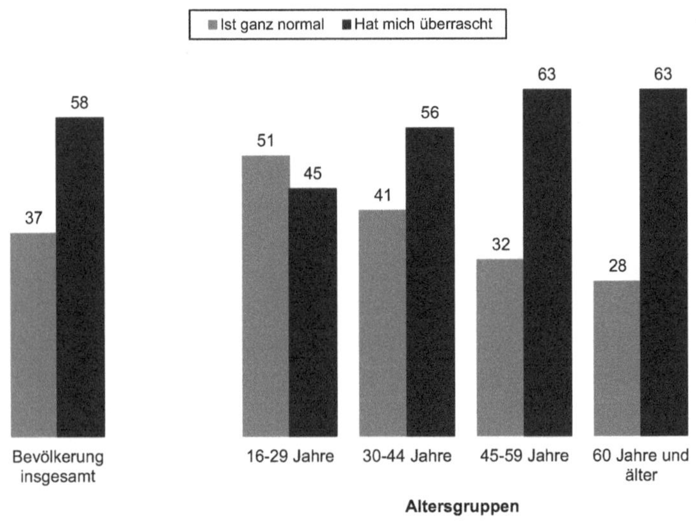

An 100 fehlende Prozent: Unentschieden oder keine Angabe

Quelle: Allensbacher Archiv, IfD-Umfrage Nr. 7092

ihre Eltern und Großeltern zu ihrem Land bekennt? Und könnte es sein, dass die relative Unbefangenheit dieser Generation auf den Zeitgeist als Ganzes ausstrahlt? Es spricht einiges dafür. Ebenfalls im August 2006 fragte das Allensbacher Institut: „Wenn jemand sagt: ‚Wir Deutschen sollten uns aufgrund unserer Vergangenheit im Dritten Reich mit Nationalgefühlen und nationalen Symbolen zurückhalten.' Finden Sie das richtig oder nicht richtig?" Eine deutliche

Mehrheit von 58 Prozent sagte: „Das finde ich nicht richtig", nur 22 Prozent befürworteten diese Einstellung.[69] Zwölf Jahre vorher, 1994, waren es noch doppelt so viele gewesen.[70] Und auch bei dieser Frage war es die junge Generation, die sich am deutlichsten gegen die Zurückhaltung bei nationalen Symbolen aussprach.

Und doch liegt der Fall etwas komplizierter. Die Geschichte des schwierigen Verhältnisses der Deutschen zu ihren nationalen Symbolen reicht bis weit vor die Zeit des Nationalsozialismus zurück. Besonders aufschlussreich ist in diesem Zusammenhang das Auf und Ab der Emotionen, das im Laufe des 19. und 20. Jahrhunderts den Nationalfarben Schwarz-Rot-Gold und Schwarz-Weiß-Rot entgegengebracht wurde. Der Rechtshistoriker Hans Hattenhauer sieht den entscheidenden Grund dafür, dass sich Bismarck 1866 für die Farben Schwarz-Weiß-Rot entschied, in dem Umstand, dass die Farben „neu und politisch unbesetzt" gewesen seien. Schwarz-Rot-Gold, in hohem Maße symbolisch aufgeladen, habe dagegen, so Hattenhauer, nach Volkskaisertum und (großdeutscher) Nationalidee „gerochen"[71] – Emotionen, an denen dem preußischen König nicht gelegen sein konnte.

Ein halbes Jahrhundert später, in der Weimarer Republik, hatten sich die Verhältnisse umgekehrt. Die Erinnerung an die alte Trikolore der Märzrevolution, die nun erneut als Nationalflagge diente, war verblasst, die Identifikation weiter Teile der Bevölkerung mit Schwarz-Weiß-Rot dagegen so ausgeprägt, dass die Farben des Kaiserreiches zum von vielen demonstrativ zur Schau gestellten Symbol der Ablehnung der Republik wurden.[72] Es ist kein Zufall, dass Hitler, als er die Hakenkreuzfahne entwarf, auf diese Farbkombination zurückgriff.[73]

Für die wechselhafte Geschichte der Identifikation der Deutschen mit ihren Nationalfarben gibt es somit sehr spezifische historische Gründe. Doch aus sozialwissenschaftlicher Sicht zeigt sie vor allem, dass Nationalsymbole Zeit brauchen, sollen sie die Akzeptanz der Bevölkerung gewinnen. Dementsprechend ist die Einstellung der

Deutschen zu ihren Nationalsymbolen seit Gründung der Bundesrepublik Deutschland auch weniger, als man zunächst annehmen könnte, von den Schwankungen des Zeitgeistes geprägt gewesen als vielmehr von einer langsamen, aber alles in allem kontinuierlichen Zunahme der Zustimmung. Die Begeisterung des Weltmeisterschaftsjahres 2006 ist so zum Teil als Etappe einer Entwicklung zu sehen, die sich lange Zeit vorher ankündigte.

Es wurde im letzten Kapitel schon darauf hingewiesen, dass sich in den Antworten der Befragten der ersten Allensbacher Umfragen sehr deutlich die niedergedrückte Stimmung der Deutschen unmittelbar nach der Niederlage 1945 spiegelt, jene Atmosphäre der Hoffnungslosigkeit und Passivität, die die ersten Nachkriegsjahre kennzeichnete. Auch Reaktionen auf die ersten Fragen, die sich mit den Nationalsymbolen Deutschlands befassten, zeigen diese resignierte, in weiten Teilen desinteressierte Haltung. Als im Parlamentarischen Rat die Frage nach der zukünftigen Flagge des Landes beraten wurde, stellte das Allensbacher Institut der Bevölkerung die Frage: „Wie soll Ihrer Meinung nach die künftige deutsche Fahne aussehen? Dem parlamentarischen Rat in Bonn liegen zwei Vorschläge für eine westdeutsche Bundesfahne vor, und zwar erstens die schwarz-rot-goldene Reichsflagge, wie sie von 1918 bis 1933 benutzt wurde, und zweitens ein neuer Entwurf, der ein schwarzes, goldumrandetes Kreuz auf rotem Grund zeigt. Welcher Vorschlag gefällt Ihnen besser?" Im Dezember 1948 konnte sich gerade die Hälfte der Befragten zu einer Entscheidung durchringen. 35 Prozent entschieden sich für die schwarz-rot-goldene Trikolore, 15 Prozent für die neue Variante; 10 Prozent lehnten beide Vorschläge ab, der Rest, 40 Prozent, äußerte sich unentschieden, gleichgültig oder sagte, die Frage sei nicht akut.[74] An dieser Stelle sei kurz darauf hingewiesen, dass gerade dieser Flaggenentwurf mit dem goldumrandeten Kreuz, der ursprünglich von der CDU/CSU im Parlamentarischen Rat vorgeschlagen und zwischenzeitlich in der Öffentlichkeit praktisch vergessen worden war, seit der Jahreswende 2014/015 öfter auf den Demonstrationen der nationalistischen und ausländerfeindlichen „PEGIDA-Bewegung“ zu sehen war. Dies ist ein weiteres bemerkenswertes Beispiel dafür, wie politische Symbole mit wechselnden Emotionen aufgeladen werden können: Der Vorschlag der CDU/CSU im Parlamentarischen Rat war nicht zuletzt dem Bemühen geschuldet gewesen, bei der Festlegung der neuen staatlichen Symbole nationalistische Untertöne zu vermeiden.[75]

Hätte man die Deutschen in den Gründerjahren der Bundesrepublik vor die Wahl gestellt, hätten sie sich für die schwarz-weiß-rote Flagge des Kaiserreiches entschieden. Das zeigen die Ergebnisse einer Frage aus dem Jahr 1951, die lautete: „Unsere Bundesflagge ist Schwarz-Rot-Gold. Wäre Ihnen Schwarz-Weiß-Rot lieber?“ Eine relative Mehrheit von 37 Prozent bejahte Letzteres, nur 20 Prozent sprachen sich für Schwarz-Rot-Gold aus. Und auch hier äußerte sich fast die Hälfte der Befragten, 43 Prozent, unentschieden oder gleichgültig.[76] Vier Jahre später hatte sich an diesem Meinungsbild noch nicht viel geändert.[77] Erst danach, in der zweiten Hälfte der 50er-Jahre, begann die Mehrheit die Farben der Paulskirche als Nationalfarben zu akzeptieren: 1961 sprachen sich 53 Prozent für Schwarz-Rot-Gold und nur noch 26 Prozent für Schwarz-Weiß-Rot aus.[78]

Allerdings waren die Deutschen zu diesem Zeitpunkt noch weit davon entfernt, die schwarz-rot-goldene Flagge als selbstverständliches und parteiübergreifendes Symbol Deutschlands zu empfinden, von einer emotionalen Nähe ganz zu schweigen. Im Jahr 1965 fragte das Allensbacher Institut: „Was ist das Wahrzeichen Deutschlands, das nationale Symbol unseres Landes?“ Bemerkenswerterweise nannte die Mehrzahl der Befragten das einzige Nationalsymbol, das unverändert alle Umstürze und Systemwechsel überdauert hatte: den Adler. Nur ein Viertel erwähnte die Flagge, das Deutschlandlied wurde von 2 Prozent genannt. Immerhin 17 Prozent waren auch zu diesem Zeitpunkt, 16 Jahre nach Gründung der Bundesrepublik, nicht in der Lage, ein nationales Symbol zu nennen (Abbildung 11). Zwölf Jahre später, 1977, wurde ermittelt, wie viele Westdeutsche eine Bundesflagge besaßen. Es waren 4 Prozent.[79]

Abbildung 11

1965: Nationale Symbole

Frage: „Was ist das Wahrzeichen Deutschlands, das nationale Symbol unseres Landes?" (offene Frage, keine Antwortvorgaben)

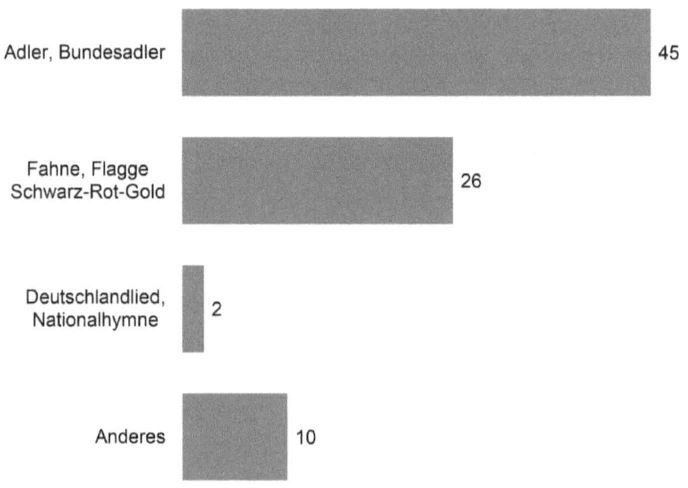

An 100 fehlende Prozent: Keine konkrete Antwort

Quelle: Allensbacher Archiv, IfD-Umfrage Nr. 2005

Erst in den darauffolgenden Jahren begannen wachsende Teile der Bevölkerung die Nationalfarben mit einem Gefühl der Heimatliebe zu verbinden. Am deutlichsten ist diese Entwicklung an einer Trendfrage zu beobachten, die das Allensbacher Institut seit 1951 immer wieder gestellt hat, zuletzt im Jahr 2015. Sie lautet: „Freuen Sie sich, wenn Sie irgendwo die schwarz-rot-goldene Bundesflagge sehen?" „Ich freue mich" wählten 1951 lediglich 23 Prozent der Befragten als Antwort; deutlich mehr, 33 Prozent, gaben zu Protokoll, dass sie sich nicht freuten. Zwei Jahre später hatten sich die Verhältnisse umgekehrt: Nun überwog die Freude mit 31 zu 26 Prozent, die Hälfte der Bevölkerung blieb noch immer unentschieden oder desinteressiert. In den darauffolgenden Jahrzehnten, verstärkt seit den 80er-Jahren, stieg – von kurzfristigen tagespolitisch bedingten Schwankungen abgesehen – langsam, aber kontinuierlich der Anteil derjenigen an, die sagten, sie freuten sich beim Anblick der Bundesflagge. Bezeichnenderweise wuchs bis zum Ende der 80er-Jahre auch die Zahl derer, die ausdrücklich sagten, dass sie sich nicht freuten. Auch dies kann man als Kennzeichen dafür sehen, wie sehr sich die Farben Schwarz-Rot-Gold nach und nach als Nationalsymbol durchsetzten: Die Mehrheit fühlte sich ihr verbunden, eine beträchtliche Minderheit äußerte sich ablehnend, aber gleichgültig waren die Farben nun nur noch sehr wenigen. Seit Anfang der 90er-Jahre begann dann die Zahl derjenigen, die sagten, sie freuten sich nicht beim Anblick der Bundesflagge, allmählich zu sinken. Es liegt nahe anzunehmen, dass die deutsche Einheit das Schlüsselereignis für diese Entwicklung war. Heute sagen fast sechs von zehn Deutschen, übrigens übereinstimmend in Ost- und Westdeutschland, sie freuten sich beim Anblick der Bundesflagge, nur noch ein Viertel widerspricht ausdrücklich (Abbildung 12). Auch wenn für die Zeit vor 1947 keine verlässlichen Daten vorliegen, ist es nicht übertrieben anzunehmen, dass man lange, mindestens rund ein Jahrhundert, in der Geschichte zurückgehen muss, um eine Zeit zu finden, in der die Deutschen eine so eindeutige und fröhliche Sympathie gegenüber ihren Nationalfarben empfanden.

Eindeutiger als bei den Nationalfarben war von Anfang an die Einstellung der Westdeutschen zur Nationalhymne. Als in den Gründungsjahren der Bundesrepublik die Frage diskutiert wurde, ob der westdeutsche Staat wieder eine Hymne bräuchte und, wenn ja, welches Lied dafür ausgewählt werden sollte, lief die politische Debatte in weiten Teilen an der Bevölkerung vorbei. Die Bedenken von Theodor Heuss und vielen anderen Politikern,[80] das Deutschlandlied sei wegen des Missbrauchs durch die Nationalsozialisten (die SPD-Frak-

Abbildung 12

Freude über die Nationalflagge

Frage: „Freuen Sie sich, wenn Sie irgendwo die schwarz-rot-goldene Bundesflagge sehen?"

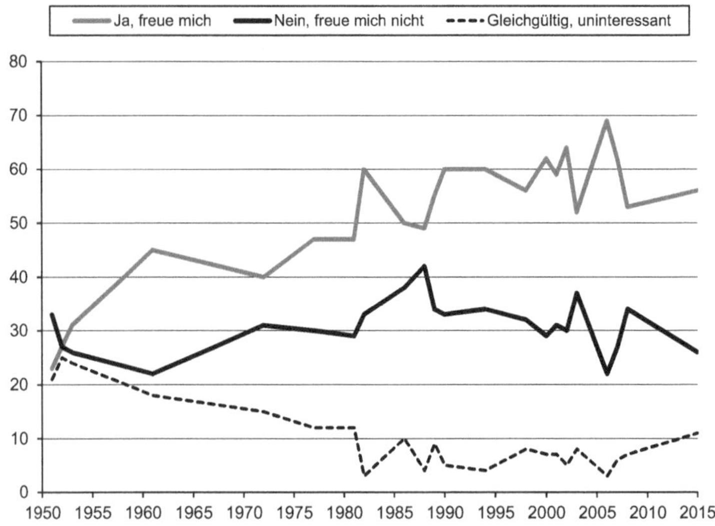

An 100 fehlende Prozent: „Kommt drauf an", andere Angabe oder keine Angabe

Quelle: Allensbacher Archiv, IfD-Umfragen, zuletzt Nr. 11034

tion im Bundestag sprach von der „ersten Strophe des Horst-Wessel-Liedes"[81]) als Nationalhymne ungeeignet geworden, blieb der Mehrheit unverständlich. Als das Allensbacher Institut im Jahr 1951 eine Serie von Fragen auf die von Heuss wesentlich mitgestaltete, neu gedichtete „Hymne an Deutschland" stellte, blieben die Antworten blass: 36 Prozent hatten im Januar des Jahres, nach einer intensiven öffentlichen Debatte über das Thema, die Hymne schon einmal gehört, 24 Prozent hatten immerhin schon einmal etwas darüber erfahren, 40 Prozent war das Thema völlig neu. Unter denen, die schon einmal von der neuen Hymne gehört hatten, antwortete eine relative Mehrheit von 48 Prozent auf Nachfrage, sie sei dagegen, das neue Lied als Nationalhymne einzuführen, nur 13 Prozent (9 Prozent der Bevölkerung insgesamt) sprachen sich dafür aus.[82] Ganz anders fielen die Reaktionen auf das Deutschlandlied aus. Auf die Frage „Sind Sie dafür oder dagegen, das Deutschlandlied wieder einzuführen?" antworteten im September desselben Jahres 73 Prozent der Befragten, sie seien dafür, und von diesen sprach sich eine Mehrheit dafür aus, bei offiziellen Anlässen die dritte Strophe des Liedes zu singen.[83] Als Theodor Heuss schließlich seine Bestrebungen, eine neue Nationalhymne durchzusetzen, aufgab, schrieb er in seinem Brief an Adenauer vom 2. Mai 1952, dass er den Traditionalismus der Bevölkerung unterschätzt habe. Wenn er nun der Bitte der Bundesregierung (nach Bestätigung des Deutschlandliedes als Nationalhymne) nachkomme, so geschehe das „in Anerkennung des Tatbestandes."[84] Die Umfrageergebnisse vom Herbst 1951 zeigen deutlich, wie sehr Heuss mit dieser Bemerkung recht hatte.

Anders als bei den Farben Schwarz-Rot-Gold stand die Bevölkerung dem Deutschlandlied nie gleichgültig gegenüber, auch wenn es im öffentlichen Leben nur eine geringe Rolle spielte. Auf die Frage „Können Sie sich erinnern, wann Sie zum letzten Mal unsere Nationalhymne, das Deutschlandlied, gehört haben?" antworteten im Oktober 1961 gerade 20 Prozent, sie hätten das Lied in den vorangegangenen vier Wochen gehört, bei 36 Prozent lag dies bis zu einem Jahr zurück, 43 Prozent sagten, sie hätten das Lied zuletzt vor längerer Zeit gehört oder könnten sich nicht mehr daran erinnern.[85] Als das Allensbacher Institut im Januar 1989 seine Befragten bat, die ersten Worte der Nationalhymne zu nennen (sicherheitshalber mit dem Hinweis „Ich meine so, wie sie heute gesungen wird"), konnten gerade 60 Prozent der Befragten die Zeile „Einigkeit und Recht und Freiheit" vollständig aufsagen.[86] Als dann aber wenig später, im August 1990, die Frage anstand, welche Nationalhymne das zukünftige vereinte Deutschland bekommen sollte, sprachen sich wiederum 75 Prozent für das Deutschlandlied und nur 13 Prozent für eine Neukomposition aus. Die Zahlen waren fast exakt die gleichen wie 1951.[87]

Der Nationalstolz, den andere Völker ganz selbstverständlich pflegen, war vielen Deutschen in den Gründerjahren der Bundesrepublik aus nachvollziehbaren Gründen fremd. Doch daran, dass auch ein sich betont zivil und zurückhaltend gebender Staat wie die Bundesrepublik Deutschland nationale Symbole brauche, bestand bei der Mehrheit zu keinem Zeitpunkt ein ernsthafter Zweifel. Die Frage „Finden Sie, wir brauchen eine Nationalhymne, oder braucht man eigentlich keine?“ beantworteten im Jahr 1961 85 Prozent mit „Wir brauchen eine“.[88] Vorschläge, deutsche Symbole durch internationale zu ersetzen, etwa bei internationalen Feierlichkeiten nicht mehr die Deutschland, sondern die Europafahne zu hissen, stießen bei Allensbacher Umfragen über Jahrzehnte hinweg kontinuierlich auf den Widerspruch der Mehrheit. Ob es um die Verleihung von Orden oder – vor allem in den 70er- und 80er-Jahren – um die Frage ging, ob der 17. Juni als Feiertag beibehalten werden sollte, stets sprachen sich deutliche Mehrheiten, teilweise auch gegen den Tenor öffentlicher Diskussionen, für die Pflege der nationalen Symbole aus.[89]

Doch trotz dieser eindeutigen Bekenntnisse schwangen bei den Reaktionen der Befragten über lange Zeit hinweg deutliche Selbstzweifel mit. Ein unbefangenes Bekenntnis zur eigenen nationalen Identität und ihren Symbolen fiel vielen schwer. Erst in den Jahren nach der deutschen Einheit, verstärkt in den Jahren seit der Jahrhundertwende, scheint der Blick auf die deutschen Symbole ungetrübter zu werden. Das gilt auch für jene, deren Bedeutung der Mehrheit heute nicht mehr bekannt ist. Im Januar 2015 legte das Allensbacher Institut seinen Befragten die Zeichnung einer Figur mit Zipfelmütze vor und fragte: „Können Sie mir sagen, wie man diese Figur nennt?“ Immerhin 41 Prozent erkannten in ihr den deutschen Michel, es ist jedoch annehmen, dass nur die wenigsten Befragten die Geschichte und Bedeutung der ursprünglich keineswegs freundlich gemeinten Spottfigur aus dem 19. Jahrhundert kannten, bei der sich die revolutionäre Jakobinermütze in die Schlafmütze des trägen Untertanen verwandelt hatte.[90] Doch das Wissen darüber, dass diese Figur symbolhaft für Deutschland steht und auch heute noch in zahllosen Karikaturen zum Einsatz kommt, wenn der Karikaturist vor der Aufgabe steht, der Nation gleichsam ein Gesicht geben zu müssen,[91] ist nach wie vor recht verbreitet. Interessant ist nun die Reaktion der Befragten auf die Nachfrage: „Was empfinden Sie, wenn Sie den deutschen Michel sehen? Ist Ihnen der Michel eher sympathisch oder eher unsympathisch?“ Eine relative Mehrheit von 44 Prozent antwortete: „Er ist mir sympathisch“ (Abbildung 13). Zum Teil ist diese Reaktion sicherlich auf die freundlich gehaltene Zeichnung des Allensbacher Forschers Iron Werther zurückzuführen, doch dies reicht zur Erklärung nicht aus: Gartenzwerge, mit denen der abgebildete „Michel“ doch einige Ähnlichkeit hat, stießen im Jahr 2007 nur bei jedem fünften Deutschen auf Sympathie.[92] Insofern lässt sich die Reaktion auf die Zeichnung des „deutschen Michel“ mit etwas gutem Willen auch als Kennzeichen für eine Bevölkerung sehen, die auf dem Weg ist, sich mit sich selbst auszusöhnen.

Nur ein Volk, das sich selbst mag, mag auch seine Symbole. Und eine auf diese Art gefestigte nationale Identität stützt das politische System, bildet eine wichtige Grundlage der politischen Kultur. Umgekehrt wäre Uneinigkeit in der Frage der nationalen Symbolik ein Kennzeichen für eine Spaltung der Bevölkerung und eine ungefestigte Gesellschaft. Werden die repräsentativen Symbole einer Nation und ihres politischen Systems respektiert, ja sogar mit Enthusiasmus getragen, ist dies auch Vertrauenskapital, ein Stabilitätsanker, den das Land in Krisenzeiten benötigt.

Abbildung 13

Der „deutsche Michel"

Frage: „Ich habe hier eine Karikatur. Könnten Sie mir sagen, wer das ist, wie man diese Figur nennt?"

	Bevölkerung insgesamt %	West %	Ost %
Der (deutsche) Michel	41	41	38
Falsche Angaben	6	7	2
Weiß nicht, k. A.	53	52	60
	100	100	100

Frage: „Das ist (ja) der deutsche Michel. Was empfinden Sie, wenn Sie den deutschen Michel sehen? Ist Ihnen der Michel eher sympathisch oder eher unsympathisch?"

	Bevölkerung insgesamt %	West %	Ost %
Eher sympathisch	44	46	36
Eher unsympathisch	23	24	19
Unentschieden	33	30	45

Quelle: Allensbacher Archiv, IfD-Umfrage Nr. 11034

4. Der Wertewandel und die Bewältigung der Diktatur in den Familien

Die Wandlung einer durch eine Diktatur geprägten Gesellschaft hin zu einem Gemeinwesen, dass nicht nur demokratische Parteien wählt, sondern auch demokratische Prinzipien verinnerlicht hat, ist ein langwieriger und schmerzhafter, von Konflikten begleiteter Prozess, der sich am Beispiel der westdeutschen Nachkriegsgesellschaft gut nachzeichnen lässt. Wer seine Anfänge sucht, könnte mit dem Begriff der „Halbstarken" beginnen.

Mancher denkt dabei vielleicht an den gleichnamigen Spielfilm von 1956 mit Horst Buchholz, an den Rock 'n' Roll oder an den amerikanischen Schauspieler James Dean, der als Symbolfigur einer rebellischen Jugend empfunden wurde und dessen Filmplakate bis heute in manchen Studenten-Wohngemeinschaften hängen. Die aus heutiger Sicht etwas nostalgisch wirkende Ästhetik jener Jugendkultur verdeckt die Dramatik der gesellschaftlichen Auseinandersetzung, die sich damals in Westdeutschland ankündigte. Binnen 15 Jahren sollte sich das Wertesystem der Bevölkerung deutlich verschieben, und über Jahrzehnte hinweg blieb die westdeutsche Gesellschaft von einem im internationalen Vergleich außerordentlich scharfen Generationskonflikt gekennzeichnet, der erst in den 1990er-Jahren abklang.

Nicht, dass dies alles den Menschen damals schon bewusst gewesen wäre, doch viele witterten, dass sich gegen Ende der 50er, Anfang der 60er-Jahre eine Kulturevolution anbahnte. Platon schrieb bereits im 4. Jahrhundert vor Christus, man müsse sich vor „Neuerungen der Musik" in Acht nehmen, denn dadurch gerate alles in Gefahr.

Nirgends werde an den Gesetzen der Musik gerüttelt, ohne dass auch die höchsten Gesetze des Staates zu wanken begännen.[93] Und tatsächlich waren es zunächst ästhetische Änderungen, die den gesellschaftlichen Wandel ankündigten: Der Musikgeschmack der Jugendlichen veränderte sich, die Wohnzimmer bekamen ein neues Aussehen,[94] die Mode unter jungen Leuten sonderte sich von jener der Älteren ab. Symptomatisch sind die in den frühen 60er-Jahren mit aus heutiger Sicht nicht mehr verständlicher Aufgeregtheit diskutierten Frisuren der Beatles. Man fragt sich, was an dieser etwas betulichen Haartracht denn so schlimm gewesen sein soll, doch die Älteren spürten, dass hier weit mehr in Gang war als ein bloßer Wechsel der Mode.

Das ganze Ausmaß der Veränderungen wurde am Institut für Demoskopie Anfang der 70er-Jahre entdeckt. 1967 hieß es in einer Repräsentativumfrage: „Wir haben eine Liste zusammengestellt mit den verschiedenen Forderungen, was man Kindern für ihr späteres Leben mit auf den Weg geben soll, was Kinder im Elternhaus lernen sollen. Was davon halten Sie für besonders wichtig?“ Auf der Liste standen 15 Erziehungsziele wie Höflichkeit und gutes Benehmen, Sauberkeit, Sparsamkeit, die Arbeit ordentlich und gewissenhaft tun. Die meisten dieser Ziele fanden bei den Befragten großen Zuspruch.[95]

Fünf Jahre später, 1972, wurde die Frage unverändert wiederholt. Doch die Antworten unterschieden sich deutlich von denen des Jahres 1967. Es zeigte sich das, was der Speyerer Sozialwissenschaftler Helmut Klages später den „Wertwandlungsschub“ genannt hat:[96] Binnen weniger Jahre war die Zustimmung zu dem, was 250 Jahre lang als bürgerliche Tugenden gegolten hatte, deutlich gesunken. Dies betraf alle sozialen Schichten, am radikalsten zeigte sich der Wandel aber bei denen, die jünger als dreißig Jahre waren. Noch 1967 meinten immerhin 81 Prozent der unter 30Jährigen, Kinder sollten im Elternhaus Höflichkeit und gutes Benehmen lernen; 1972 waren es nur noch 50 Prozent. Im gleichen Zeitraum sank die Zustimmung zu der Aussage, man solle die Kinder dazu erziehen, ihre Arbeit ordentlich und gewissenhaft zu tun, von 71 auf 52 Prozent.[97] Auch andere Trendfragen des Instituts für Demoskopie Allensbach zeigten, dass die Bevölkerung ihre Einstellung zu einer Vielzahl von Themen radikal geändert hatte, und zwar in der Politik, im Verhältnis zur Kirche und in den Normen, ganz besonders in den Sexualnormen. Das war weit mehr als die Ablösung einiger überkommener Erziehungsziele durch neue. Es änderte sich der gesamte Zeitgeist: Zum ersten Mal wurden Regeln der Lebensführung infrage gestellt, die seit den ersten Jahrzehnten des 18. Jahrhunderts unangefochten schienen. Diese Veränderung ist unter dem Stichwort „Wertewandel" in die Geschichte der Sozialwissenschaften eingegangen.[98]

Wenn eine Gesellschaft ihre Normen und Werte ändert, dann ist dies an der jungen Generation besonders deutlich zu erkennen. Sie gibt die Richtung vor, in der sich die Gesellschaft künftig als Ganzes bewegen wird. Und so war es keine Überraschung, als sich im Jahr 1982 bei einer großen internationalen Studie zeigte, dass der ungewöhnlich stark ausgeprägte Wertewandel in Deutschland von erheblichen atmosphärischen Störungen zwischen den Generationen begleitet wurde. Eine Schlüsselfrage in diesem Zusammenhang lautete: „In welchen Bereichen haben bzw. hatten Sie und Ihre Eltern ähnliche Ansichten?" Dazu wurde eine Liste mit fünf Themen zur Auswahl vorgelegt: Einstellungen zur Religion, Moralvorstellungen, Einstellungen gegenüber anderen Menschen, politische Ansichten und Einstellungen zur Sexualität.

Besonders aufschlussreich war der Anteil derjenigen, die auf diese Frage antworteten, in keinem dieser Bereiche stimmten sie mit ihren Eltern überein, oder sie wüssten nicht, in welchem dieser Bereiche sie mit ihren Eltern übereinstimmten – letztere Antwort muss angesichts des Umstandes, dass es sich bei den vorgelegten Themen um fundamentale Lebenseinstellungen handelt, als Zeichen äußerster Distanz gedeutet werden. Die Zahl derjenigen, die eine dieser beiden Antworten gaben, war in Westdeutschland mit 23 Prozent weitaus größer als in anderen europäischen Ländern und den Vereinigten

Staaten.[99] In der jüngeren Generation waren es 26 Prozent. In den kommenden Jahren sollte der Wert zeitweise auf deutlich über 30 Prozent ansteigen, bevor er Ende der 90er-Jahre auf ein im internationalen Vergleich unauffälliges Niveau von deutlich unter 20 Prozent zurückfiel. Die Kette der Belege ist nicht lückenlos, doch es sieht so aus, als habe die Phase der Generationskonflikte in Westdeutschland ziemlich genau 40 Jahre angedauert, so lange, bis die junge Generation der Anfangszeit selbst zur Großelterngeneration geworden war.

Auch andere Fragen, die sich mit dem Wertewandel beschäftigen, zeigen einen dazu passenden Verlauf. Dies trifft beispielsweise auf die bereits erwähnte Frage nach den Erziehungszielen zu. Seitdem sie im Jahr 1967 zum ersten Mal gestellt worden war, nahm – von kurzfristigen Schwankungen abgesehen – über zweieinhalb Jahrzehnte der Anteil derer ab, die sagten, es sei wichtig, bei der Kindererziehung auf traditionelle bürgerliche Tugenden zu achten. Doch in den 90er-Jahren drehte sich der Trend. Seitdem wuchs wieder die Zahl derjenigen, die sagen, man solle Kindern beibringen, ihre Arbeit ordentlich und gewissenhaft zu erledigen oder sparsam mit Geld umzugehen. Der Anteil derer, die meinen, man müsse Kinder zu Höflichkeit und gutem Benehmen erziehen, war Ende des vergangenen Jahrzehnts sogar größer als Ende der 60er-Jahre (Abbildung 14). Das Beispiel steht stellvertretend für viele weitere. So steigt etwa seit Mitte der 90er-Jahre die Zahl der Befragten, die sagen, es sei richtig, das Leben nicht nur zu genießen, sondern man müsse es als Aufgabe betrachten, während sie von 1956 bis 1992 fast kontinuierlich zurückgegangen war.[100]

Es ist viel über die Ursachen und Konsequenzen des Wertewandels diskutiert und geschrieben worden, und es gab heftige Auseinandersetzungen um die Frage, ob diese Entwicklung als notwendige gesellschaftliche Erneuerung oder als Verfall der Sitten zu beurteilen ist. Doch wie man auch immer – abhängig von der eigenen Biographie und eigenen gesellschaftspolitischen Grundüberzeugungen – dazu stehen mag, man wird kaum bestreiten können, dass es sich

Abbildung 14

Erziehungsziele

Frage: „Wir haben einmal eine Liste zusammengestellt mit den verschiedenen Forderungen, was man Kindern für ihr späteres Leben alles auf den Weg geben soll, was Kinder im Elternhaus lernen sollen. Was davon halten Sie für besonders wichtig?"

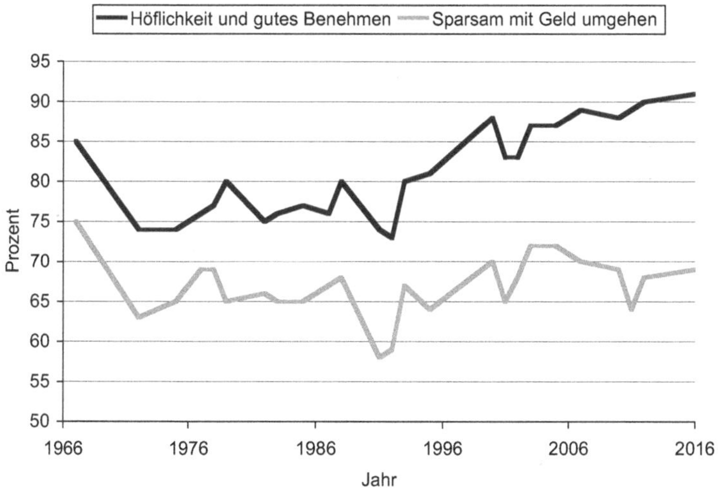

– Auszug aus den Angaben –

Allensbacher Archiv, IfD-Umfragen

um einen sehr tief greifenden und konfliktreichen Umbruch der Gesellschaft gehandelt hat, der in Westdeutschland besonders stark ausgeprägt war. Man kann mit Recht darauf hinweisen, dass die späten 60er- und die frühen 70er-Jahre in vielen westlichen Ländern eine Phase von Generationskonflikten waren. Man denke nur an die amerikanischen Demonstrationen gegen den Vietnamkrieg und die Studentenproteste in Frankreich. Doch die Ergebnisse der Demoskopie zeigen, dass die Konflikte in der Bundesrepublik eine besondere Schärfe, eine spezielle Dimension hatten, dass sie mehr als in anderen westlichen Ländern weite Bevölkerungsteile erfassten, über politische und kulturelle Auseinandersetzungen hinausgingen und bis tief ins private Leben vordrangen.

Der Bonner Historiker Klaus Hildebrand hat in seiner Darstellung der 60er-Jahre in der „Geschichte der Bundesrepublik Deutschland" sehr differenziert und lebendig die Besonderheiten des gesellschaftlichen Klimas in der Bundesrepublik beschrieben. In vielen westlichen Ländern habe es damals vor allem in der intellektuellen Welt eine Renaissance des Marxismus gegeben, einen „Aufstand gegen das Establishment", der aus einer Mischung aus Antiamerikanismus, Antikapitalismus und importierten revolutionären Idolen der Dritten Welt bestand. „Doch anders als in England", schreibt Hildebrand, „das von diesem Beben der sechziger Jahre nur in Ausläufern heimgesucht wurde, und anders als in den Vereinigten Staaten oder in Frankreich, wo der Protest und die Revolution Entsprechung in den konkreten Missständen des vietnamesischen Krieges bzw. der sozialen Rückständigkeit fanden, dominierte in der Bundesrepublik ein schierer Aktionismus. Er entbehrte der fest umrissenen Ziele und drängte nach Totallösungen."[101] Wollte man diesen Punkt noch vertiefen, müsste man intensiver auf die besondere Rolle des Soziologen Theodor W. Adorno und seiner „Frankfurter Schule" eingehen, die sehr stark das intellektuelle Klima in Westdeutschland prägten.[102] Ohne dieses Thema hier weiter aufgreifen zu können, ist festzuhalten, dass in Westdeutschland – anders als in den anderen westlichen Ländern – nicht allein eine modische intellektuelle Bewegung auf die Missstände der Zeit reagierte. Hier ging es vielmehr, wie Klaus Hildebrand betont, stets auch um Vergangenheitsbewältigung,[103] also letztlich um die Beschäftigung mit sich selbst. Die ganze intellektuelle öffentliche Auseinandersetzung kehrt gedanklich immer wieder zum Dritten Reich zurück, hat ihre Wurzeln ganz offensichtlich in der Frage nach den Ursachen der Terrorherrschaft der Nationalsozialisten. Adorno beispielsweise war überzeugt davon, dass die Gräuel des Dritten Reiches nur möglich waren, weil die Deutschen seit dem 19. Jahrhundert in einer Tradition autoritären Denkens erzogen worden seien. Um Ähnliches in Zukunft zu verhindern, müsse diese Tradition, die Weitergabe autoritärer Werte von den Eltern an die Kinder, unterbrochen werden.[104] Eine Kultur des Gehorsams hatte in die Katastrophe geführt, also lag es nahe, künftig die Kinder, wie Carlo Schmid es schon 1945/46 ausdrückte, „zum Ungehorsam zu erziehen."[105] Es ist nicht verwunderlich, dass in einem solchen Zeitklima eine Kluft zwischen den Generationen entsteht.

In den Jahren 1990 bis 1992 wurde die große internationale Studie, bei der ein Jahrzehnt zuvor diese Kluft für die westdeutsche Gesellschaft entdeckt worden war, wiederholt. Dabei gab es zwei überraschende Ergebnisse. Zum einen zeigte sich, dass der Wertewandel, der sich in Westdeutschland kontinuierlich über zwei Jahrzehnte hinweg fortgesetzt hatte, in den neuen Bundesländern nicht stattgefunden hatte. Die Haltung der Ostdeutschen zu traditionellen bürgerlichen Tugenden glich auffallend der Einstellung der westdeutschen Bevölkerung in den 50er-Jahren. Eine Generationskluft war nicht erkennbar. So lag bei der Frage, in welchen Bereichen man mit seinen Eltern übereinstimme, der Anteil derjenigen, die sagten, dies sei in keinem der zur Auswahl gestellten Punkte der Fall, in den neuen Bundesländern bei 11 Prozent. Im Westen waren es zum gleichen Zeitpunkt 24 Prozent.[106] Das Gleiche zeigte sich bei der bereits erwähnten Frage, ob man sein Leben als Aufgabe ansehe. Sie lautete vollständig: „Zwei Männer unterhalten sich über das Leben.[107] Der erste sagt: ‚Ich betrachte mein Leben als eine Aufgabe, für die ich da bin und für die ich alle Kräfte einsetze. Ich möchte in meinem Leben etwas leisten, auch wenn das oft schwer und mühsam ist.' Der zweite sagt: ‚Ich möchte mein Leben genießen und mich nicht mehr abmühen als nötig. Man lebt schließlich nur einmal, und die Hauptsache ist doch, dass man etwas von seinem Leben hat.' Was meinen Sie: Welcher von beiden Männern macht es richtig, der erste oder der zweite?" Im August 1989 stimmten 43 Prozent der Westdeutschen der ersten Einstellung zu, fast gleich viele, 39 Prozent, meinten hingegen, die Hauptsache sei es doch, das Leben zu genießen.[108] In der damaligen DDR sagten dagegen wenige Monate später, im Februar/März 1990, 62 Prozent, sie betrachteten das Leben in erster Linie als Aufgabe, und nur 18 Prozent widersprachen.[109] Diese Werte entsprachen bemerkenswert genau den westdeutschen aus den 50er- und frühen 60er-Jahren, also aus der Zeit vor dem „Wertewandlungsschub" um das Jahr 1970 herum.[110]

Der vielleicht überraschendste Befund der Untersuchung der Jahre 1990/1992 war aber, dass Westdeutschland mit seiner Generationskluft nicht mehr allein stand: Mit Spanien war ein weiteres Land hinzugekommen, das nun einen recht starken Generationskonflikt aufwies (Abbildung 15). War das Zufall? Es drängte sich eine Parallele zwischen Westdeutschland und Spanien auf: In beiden Ländern wurden die Generationskonflikte etwa eineinhalb Jahrzehnte nach dem Ende der Diktatur erkennbar, zu dem Zeitpunkt, an dem die erste Generation in Freiheit herangewachsen war. Könnte es also sein, dass es nach dem Ende einer Diktatur zu Kommunikationsproblemen zwischen den Generationen kommt, weil Eltern und Kinder in verschiedenen Systemen geprägt wurden? Wenn dies der Fall ist, dann müsste man heute in Ostdeutschland Zeichen einer wachsenden Generationskluft erkennen können. Und tatsächlich: Es lassen sich entsprechende Hinweise finden.

Entdeckt wurden die ersten Anzeichen für weltanschauliche Generationenunterschiede in den neuen Bundesländern im Jahr 2003 bei einer Untersuchung zum Thema Freiheit.[111] In sie war eine Frage aufgenommen worden, die das Allensbacher Institut bereits seit dem Jahr 1955 immer wieder repräsentativen Bevölkerungsquerschnitten vorgelegt hatte. Sie lautet: „Zwei Männer unterhalten sich über das Leben. Der erste sagt: ‚Jeder ist seines Glückes Schmied. Wer sich heute anstrengt, der kann es auch zu etwas bringen.' Der andere sagt: ‚Tatsächlich ist es so, dass die einen oben sind, und die anderen sind unten und kommen bei den heutigen Verhältnissen auch nicht hoch,

Abbildung 15

Wertestudie 1990/1992: Generationskluft im internationalen Vergleich

Frage: „In welchen Bereichen haben/hatten Sie und Ihre Eltern ähnliche Ansichten?"

Antwort: „In keinem Bereich" oder „Weiß nicht."

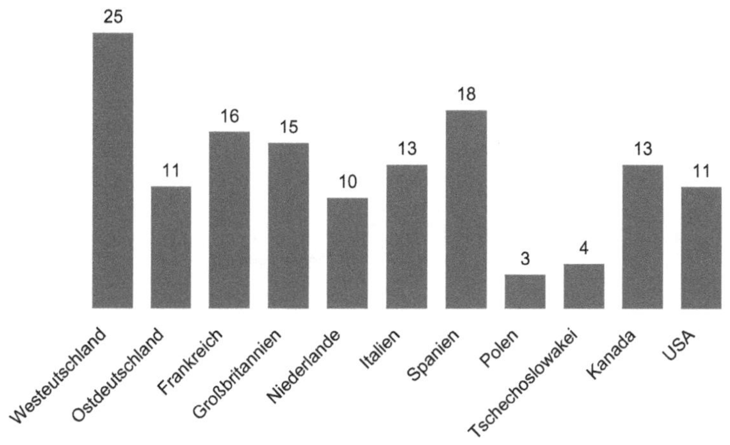

Quelle: Internationale Wertestudie 1990

so sehr sie sich auch anstrengen.' Was würden Sie persönlich sagen: Wer von beiden hat eher recht, der erste oder der zweite?"

Auch an dieser Frage lässt sich der typische Verlauf des Wertewandels im Westen ablesen: Seit den 60er-Jahren sank dort der Anteil der unter 30Jährigen, die die Ansicht vertraten, jeder sei seines Glückes Schmied. Nach einem Jahrzehnt folgte die ältere Bevölkerung nach, wobei sich der Abstand zwischen den Generationen mindestens bis Ende der 80er-Jahre vergrößerte, während sich die Lücke gegen Ende der 90er-Jahre wieder schloss. Inzwischen hat sich der Trend umgekehrt: Heute sagt die junge Generation im Westen sogar deutlich häufiger als die Älteren, jeder sei seines Glückes Schmied (Abbildung 16).

Abbildung 16

„Jeder ist seines Glückes Schmied"

Frage: „Zwei Männer/Frauen* unterhalten sich über das Leben (...). Was würden Sie persönlich sagen: Wer von beiden hat eher recht (...)?"

Antwort: „Jeder ist seines Glückes Schmied."

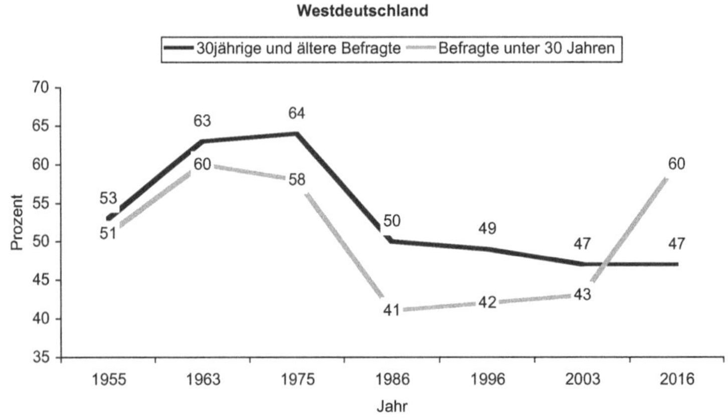

** Männern wurde die Frage in der Variante „Zwei Männer unterhalten sich über das Leben ..." gestellt, bei Frauen lautete die Formulierung: „Zwei Frauen unterhalten sich über das Leben ..."*

Quelle: Allensbacher Archiv, IfD-Umfragen, zuletzt Nr. 10069, März 2011

Noch viel deutlicher ist heute aber der Kontrast zwischen den Jüngeren und den Älteren in den neuen Bundesländern. Dort zeigte sich im Jahr 2003 zum ersten Mal, dass die junge Generation bei dieser Frage anders urteilte als ihre Eltern und Großeltern. Während im Westen insgesamt der Anteil derjenigen überwog, die die Meinung vertraten, jeder Mensch sei seines Glückes Schmied, neigte die ostdeutsche Bevölkerung, größtenteils sozialisiert im Wertesystem des Sozialismus, zu der Ansicht, dass die Menschen ihren äußeren Lebens-

Abbildung 17

„Jeder ist seines Glückes Schmied"

Frage: „Zwei Männer/Frauen* unterhalten sich über das Leben. Der/die erste sagt: ‚Jeder ist seines Glückes Schmied. Wer sich heute wirklich anstrengt, der kann es auch zu etwas bringen.' Der/Die andere sagt: ‚Tatsächlich ist es so, dass die einen oben sind, und die anderen sind unten und kommen bei den heutigen Verhältnissen auch nicht hoch, so sehr sie sich auch anstrengen.' Was würden Sie persönlich sagen: Wer von beiden hat eher recht, der/die erste oder der/die zweite?"

	Westdeutschland		Ostdeutschland	
	Befragte unter 30 Jahren %	Befragte ab 30 Jahren %	Befragte unter 30 Jahren %	Befragte ab 30 Jahren %
Der/Die erste: Jeder ist seines Glückes Schmied	60	47	57	37
Der/Die zweite: Die einen sind oben, die anderen unten	22	33	16	42
Unentschieden	18	20	27	21
	100	100	100	100

** Männern wurde die Frage in der Variante „Zwei Männer unterhalten sich über das Leben …" gestellt, bei Frauen lautete die Formulierung: „Zwei Frauen unterhalten sich über das Leben …"*

Allensbacher Archiv, IfD-Umfrage Nr. 11055, April 2016

umständen wehrlos ausgeliefert seien. Die unter 30jährigen Ostdeutschen dagegen sagten nicht nur häufiger als ihre Eltern und Großeltern, jeder sei seines Glückes Schmied, sondern sogar deutlich häufiger als ihre westdeutschen Altersgenossen.[112] In der Zwischenzeit haben sich die unter 30Jährigen im Westen der Haltung der Jungen im Osten angenähert, so dass heute West und Ost in dieser Hinsicht nicht mehr erkennbar voneinander abweichen. Bei den älteren Befragten ist dagegen der Unterschied zwischen Ost und West praktisch unverändert geblieben – und damit auch der zwischen den

Generationen im Osten. Zumindest in dieser einen fundamentalen Wertefrage hat sich also eine deutliche Kluft zwischen den in der DDR aufgewachsenen und den in der Zeit nach der Einheit geprägten Ostdeutschen aufgetan (Abbildung 17).

Es gibt darüber hinaus auch Anzeichen dafür, dass heute die alltäglichen Spannungen in den Familien in Ostdeutschland etwas größer sind als im Westen – jedenfalls aus Sicht der Eltern. 77 Prozent der westdeutschen Befragten mit Kindern ab zwölf Jahren sagten bei einer Allensbacher Umfrage vom März 2011, sie könnten sich auf ihre Kinder verlassen. In Ostdeutschland meinten dies „nur" 67 Prozent. Fast das gleiche Verhältnis – 77 zu 68 Prozent – gab es bei der Aussage „Wir halten gut zusammen" zu verzeichnen. „Wir verstehen uns sehr gut", sagten 75 Prozent der westdeutschen Eltern über ihr Verhältnis zu ihren Kindern, im Osten waren es 64 Prozent. Umgekehrt sagten 8 Prozent im Westen und 13 Prozent im Osten, bei ihnen in der Familie sei die Stimmung oft sehr angespannt (Abbildung 18). Diese Zahlen sind alles andere als dramatisch, doch sie zeigen, dass die Kommunikation zwischen den Generationen in den Familien in Ostdeutschland offensichtlich schwerer fällt als im Westen.

Auch in der oben ausführlich beschriebenen „klassischen" Generationskluft-Frage nach den Werten, die man mit seinen Eltern gemeinsam hat, haben Ost- und Westdeutschland gleichsam die Rollen getauscht. Als die Frage im Jahr 1990 zum ersten Mal in beiden Landesteilen gestellt werden konnte, sagten 29 Prozent der unter 30Jährigen in der alten Bundesrepublik, sie hätten in keinem der fünf Bereiche Religion, Moral, Sexualität, Einstellung gegenüber anderen Menschen oder Politik die gleichen Ansichten wie ihre Eltern oder sie wüssten nicht, in welchen Bereichen sie mit ihren Eltern einer Meinung seien. In der ehemaligen DDR waren es dagegen nur 10 Prozent. Bis 2015, als die Frage zum bisher letzten Mal gestellt wurde, hatte sich der Anteil derjenigen unter 30 Jahren, die diese Antwort gaben, in Ostdeutschland auf 20 Prozent verdoppelt, während sie im Westen auf 16 Prozent gesunken war (Abbildung 19).

Abbildung 18

Eltern in Ost- und Westdeutschland über ihre Kinder

Frage an Personen mit Kindern ab 12 Jahren: „Wie würden Sie ihr Verhältnis zu Ihrem Kind/Ihren Kindern beschreiben: Welche der Aussagen von diesen Karten hier treffen da auf Sie zu?" (Kartenspielvorlage)

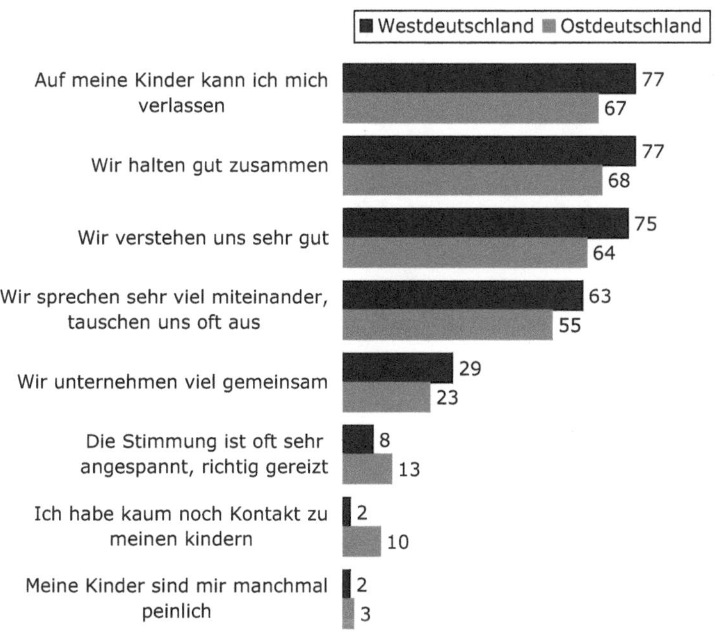

– Auszug aus den Angaben –

Allensbacher Archiv, IfD-Umfrage Nr. 10069, März 2011

Man muss sich vor Augen halten, wie unterschiedlich die Welten sind, die die Eltern- und die Kindergeneration geprägt haben: In Diktaturen sind andere Verhaltensweisen üblich als in einer Demokratie. Demokratien verlangen von den Menschen Selbstständigkeit, Diktaturen bestrafen sie. In autoritären Staaten werden die Men-

Abbildung 19

Die Generationskluft in West- und Ostdeutschland

Frage: „In welchen Bereichen haben/hatten Sie und Ihre Eltern ähnliche Ansichten?"

Antwort: „In keinem Bereich" oder „Weiß nicht."

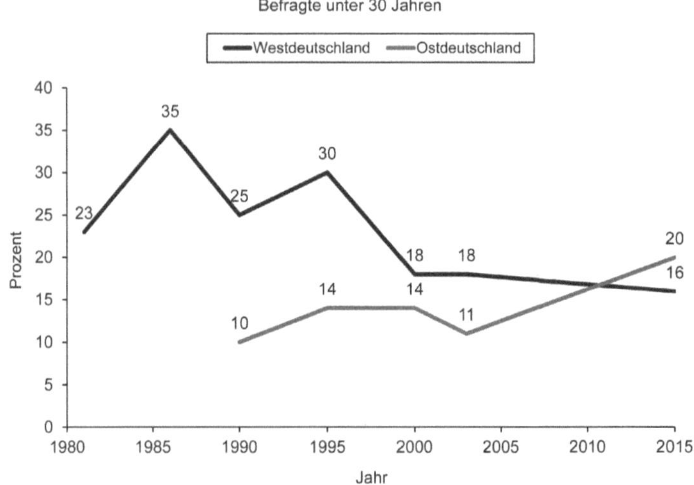

Quelle: Allensbacher Archiv, IfD-Umfragen, zuletzt Nr. 11034

schen zu größter Vorsicht erzogen, zum Misstrauen gegenüber anderen Menschen. Demokratien leben dagegen vom Vertrauen. Auch die Sprache entwickelt sich in Diktaturen anders. Sie ist indirekter, doppelbödiger. So ist es nicht verwunderlich, dass es eineinhalb Jahrzehnte nach dem Ende eines autoritären Regimes zwischen Eltern und Kindern zu Verständnisschwierigkeiten kommt. Die Bewältigung der Auswirkungen des SED-Staates auf das Alltagsleben der Menschen wird voraussichtlich noch Jahrzehnte in Anspruch nehmen – nach den Erfahrungen im Westen bis fast zur Mitte des 21. Jahrhunderts.

Man glaubt in diesen Zahlen gleichsam das „Atmen“ des Zeitgeistes zu hören. Die Werte und Normen in einer Gesellschaft müssen immer wieder neu ausgehandelt werden. Das ist ein mühsamer und gerade nach tief greifenden politischen Umbrüchen auch oft ein schmerzhafter Prozess, der tief in das Alltagsleben der Menschen hineinreicht. Da die Werte und Normen der Gesellschaft, in die die Menschen hineingeboren werden, diese ein Leben lang prägen, ist es auch ein Prozess, der sich selbst dann über Generationen hinzieht, wenn in der Öffentlichkeit ein scheinbar abrupter Wertewandel stattfindet. Unter der Oberfläche des Wechsels wirken die alten Überzeugungen noch lange weiter, haben sich die neuen noch längst nicht in allen Gesellschaftsschichten durchgesetzt. Der Zeitgeistzyklus, der heute mit dem Schlagwort der „68er“ belegt ist, wahrscheinlich aber ein Jahrzehnt vorher in der Zeit der „Halbstarken“ begann, hat, je nachdem, wo man den Endpunkt ansetzten möchte, etwa vier bis fünf Jahrzehnte gedauert. Mit Blick auf die Verarbeitung des Dritten Reiches kann man auch von einer – im medizinischen Sinne des Wortes verstandenen – „kritischen Phase“ der westdeutschen Gesellschaft sprechen, einer Phase, in der die Werte miteinander ringen und noch nicht feststeht, wie ein späterer gesellschaftlicher Konsens aussehen wird. Die ostdeutsche Gesellschaft hat in dieser Hinsicht wahrscheinlich noch einige inneren Konflikte vor sich. Allerdings dürfte die SED-Diktatur, obwohl sie wesentlich länger dauerte, kein derart tief greifendes Trauma hinterlassen wie das Dritte Reich, sodass auch die psychologischen Belastungen, die sie hinterlässt, vermutlich weniger tief sein werden. Für die Westdeutschen und damit für den weitaus größten Teil der deutschen Gesellschaft bedeutet das Ende der „kritischen Phase“ aber auf jeden Fall, dass sie die Chance hat, innerlich zur Ruhe zu kommen.

5. Das Ende der „Mauer in den Köpfen"

Es wurde bereits im letzten Kapitel auf weltanschauliche Unterschiede zwischen Ost- und Westdeutschen eingegangen. Dies ist auch deswegen für das Thema dieses Buches von Bedeutung, weil innere Spannungen jedweder Art in einer Bevölkerung zumindest eine potenzielle Quelle der Irritation sein können. Die Identifizierung mit einer Gemeinschaft fällt umso schwerer, je mehr man das Gefühl hat, dass ein wesentlicher Teil dieser Gemeinschaft einem fremd ist, oder wenn man von sich selbst den Eindruck hat, nicht richtig dazuzugehören. In dieser Hinsicht waren die ersten Jahre nach der deutschen Einheit eine Phase der emotionalen Herausforderung für die Deutschen auf beiden Seiten der ehemaligen Zonengrenze.

Als am 9. November 1989 die Berliner Mauer geöffnet wurde und sich bereits wenige Wochen danach die Möglichkeit einer raschen Vereinigung der beiden deutschen Staaten abzeichnete, ging eine emotionale Schockwelle durch weite Teile Europas. In die Freude über die gewonnene Freiheit für die Menschen in den Ländern Ostmitteleuropas – und damit auch in der DDR – mischte sich ein erhebliches Maß Sorge angesichts eines durch die Wiedervereinigung erneut erstarkenden Deutschland. Unter europäischen Politikern und Intellektuellen war die Zahl derjenigen, die sich vor der deutschen Einheit fürchteten, vermutlich nicht geringer als die Zahl derer, die sich über sie freuten.

Auch viele deutsche Intellektuelle glaubten, dass die beiden deutschen Staaten eigentlich gar nicht mehr zusammenpassten.[113] Als Willy Brandt bemerkte, es wachse „zusammen, was zusammen gehört",[114] entgegnete der Schriftsteller Patrick Süskind im „Spiegel": „Was gehört denn da zusammen, bitte sehr? Gar nichts! Im Gegenteil: Nichts Unzusammenhängenderes lässt sich denken als DDR und

BRD! Verschiedene Gesellschaften, verschiedene Regierungen, verschiedene Wirtschaftssysteme, verschiedene Erziehungssysteme, verschiedener Lebensstandard, verschiedene Blockzugehörigkeit, verschiedene Geschichte, verschiedene Promillegrenze – gar nichts wächst da zusammen, weil gar nichts zusammen gehört."[115]

Ganz anders die Beobachtung des damaligen Vorstands des Henkel-Konzerns, Helmut Sihler, der im Frühsommer 1990 die DDR besuchte. Als er zurückkehrte, berichtete er, das Aufregendste sei für ihn, wie ähnlich die Menschen dort den Menschen im Westen seien. Es sei wirklich *eine* Bevölkerung. Österreicher beispielsweise – er selbst ist Österreicher – seien völlig anders. Wenn Deutsche und Österreicher aufeinanderträfen, sei das wie zwei Welten.[116] Wer hatte nun Recht?

Es war für die Sozialforschung ein großer Moment, als im Frühjahr 1990 die ersten Umfrageergebnisse aus der DDR vorlagen. In vielerlei Hinsicht unterschieden sich die Ostdeutschen von den Westdeutschen. Das betraf zunächst Äußerlichkeiten, etwa den Kleidungsgeschmack, aber auch Fragen der Werteorientierung. Dennoch überwog beim Betrachten der ersten Daten aus der DDR der Eindruck des Vertrauten. Bei allen Unterschieden im Detail zeigten die Deutschen in Ost und West eine bemerkenswerte Ähnlichkeit. Die damalige Leiterin des Allensbacher Instituts, Elisabeth Noelle-Neumann, sprach 1990 in ihrem ersten Vortrag über die „Premiere eines demoskopischen Vergleichs" von einer auffallenden „Familienähnlichkeit" der Ost- und Westdeutschen. Besonders auffällig war, dass sich Ost- und Westdeutsche, trotz der Sozialisation in gegensätzlichen Gesellschaftssystemen, in mancherlei Hinsicht gemeinsam von anderen europäischen Völkern unterschieden, etwa in der bereits im ersten Kapitel beschriebenen Neigung zu starken emotionalen Schwankungen. Mit gutem Grund konnte Elisabeth Noelle-Neumann feststellen, dass es offenbar durchaus so etwas wie einen gemeinsamen Nationalcharakter gab und damit auch eine Grundlage für ein Zusammenwachsen der beiden Landesteile.[117]

Kaum jedoch hatte sich mit dem Fall der Mauer und den freien Wahlen in der DDR die Möglichkeit zur staatlichen Einheit Deutschlands eröffnet, wandelte sich die öffentliche Diskussion in einer Art und Weise, die sich als schwere Hypothek für den Vereinigungsprozess der kommenden Jahre erweisen sollte. Statt die Prinzipien einer freiheitlichen Gesellschaft in den Mittelpunkt der Betrachtung zu stellen, konzentrierte sich die Aufmerksamkeit der Massenmedien weitgehend auf das Ziel, die materiellen Lebensverhältnisse der ostdeutschen Bevölkerung möglichst rasch auf das westdeutsche Niveau zu bringen.[118] Bundeskanzler Kohl hatte ungewollt selbst das Schlagwort dafür geliefert, als er in einer Fernsehansprache im DDR-Fernsehen zur Einführung der DMark in Ostdeutschland am 1. Juli 1990 sagte: „Durch eine gemeinsame Anstrengung wird es uns gelingen, Mecklenburg-Vorpommern und Sachsen-Anhalt, Brandenburg, Sachsen und Thüringen schon bald wieder in blühende Landschaften zu verwandeln, in denen es sich zu leben und zu arbeiten lohnt."[119]

Begierig wurde das Wort von den „blühenden Landschaften" in der öffentlichen Diskussion aufgegriffen. Von nun an ließ sich jeder Rückschlag in der wirtschaftlichen Entwicklung in Ostdeutschland, jede Nachricht über die infolge des notwendigen Strukturwandels unvermeidlich steigende Arbeitslosigkeit in den neuen Ländern, jede Information über noch bestehende Einkommensunterschiede zwischen Ost und West mit der Frage kommentieren, wo denn nun die vom Bundeskanzler versprochenen „blühenden Landschaften" blieben. Dabei waren die objektiven Daten in vielerlei Hinsicht eindrucksvoll: Binnen weniger Jahre erreichte die ostdeutsche Bevölkerung ein Wohlstandsniveau, von dem sie in Zeiten der DDR nicht hätte träumen können. Bis 1996 hatte sich das frei verfügbare Einkommen der Bewohner der ehemaligen DDR gegenüber 1991 um fast 50 Prozent erhöht, ein Zuwachs, der weit über dem der wirtschaftlichen Produktivität der neuen Länder lag.[120] Die Ausstattung der Haushalte mit Konsumgütern erreichte binnen weniger Jahre fast das westdeutsche Niveau,[121] der Fuhrpark an Privatfahrzeugen war Ende des Jahrzehnts moderner als der der Westdeutschen.[122]

Doch die hochgesteckten Erwartungen, die mit dem Schlagwort von den „blühenden Landschaften“ verknüpft waren, mussten in einer Zeit, in der soziale Gleichheit als der wichtigste Maßstab für wirtschaftlichen Erfolg verwendet wurde, bei den Menschen zu Enttäuschungen führen, zumal der Umbruch, trotz des beschriebenen materiellen Aufstiegs, für sehr viele Bürger mit großen Härten verbunden war. Bis zum Jahr 1993 hatten zwei Drittel derjenigen Ostdeutschen, die 1990 berufstätig waren, zumindest vorübergehend ihren Arbeitsplatz verloren.[123]

Auch die gegenseitige Wahrnehmung der Ost- und Westdeutschen trübte sich nach der ersten Euphorie unmittelbar nach der Wiedervereinigung ein. Statt sich aneinander zu gewöhnen und sich wechselseitig anzunähern, entfernten sich Ost- und Westdeutsche in vielerlei Hinsicht voneinander. Dazu trug neben der Frage, wo denn die „blühenden Landschaften“ blieben, die Metapher von der „Mauer in den Köpfen“ wesentlich bei. Der Begriff war vielleicht auch deshalb so populär, weil er nicht nur prägnant war, sondern auch die Nachrichtenfaktoren des Konflikts und der Negativität[124] bediente und dementsprechend aus journalistischer Sicht einige Attraktivität besaß.

Das Schlagwort von der „Mauer in den Köpfen“ war insofern treffend, als sich nach dem Abklingen der anfänglichen Begeisterung über das unverhoffte Glück der Einheit zeigte, dass der Umstand, dass West- und Ostdeutsche vier Jahrzehnte in verschiedenen gesellschaftlichen Systemen gelebt hatten, nicht spurlos an ihnen vorbeigegangen war. In vielen Feldern zeigten sich trotz der erwähnten „Familienähnlichkeit“ vor allem weltanschauliche Unterschiede, die zu Kommunikationsproblemen zwischen beiden Bevölkerungsteilen führen mussten. Der Anteil der Ostdeutschen, die Westdeutsche für freundlich hielten, sank in der Zeit von 1991 bis 1994 von 55 auf 37 Prozent. Die Zuordnung „fleißig“ ging in der gleichen Zeit von 53 auf 36 Prozent zurück, „intelligent“ von 45 auf 32 Prozent. Die negativen Zuschreibungen blieben dagegen bestehen: 81 Prozent der Ostdeutschen meinten 1991 von den Westdeutschen, sie seien „auf Geld aus“, 1994 waren es 82 Prozent. Der Anteil, der sie als „bürokratisch“ empfand, nahm sogar von 62 auf 67 Prozent leicht zu. Nicht ganz so ausgeprägt, aber in der Tendenz ähnlich, verdunkelte sich das Bild der Ostdeutschen bei den Westdeutschen.[125]

Falsch an dem Bild der „Mauer in den Köpfen“ war jedoch immer, dass es suggerierte, West- und Ostdeutsche befänden sich in einem ernsten, tiefer gehenden Konflikt, stellten gar die Wiedervereinigung infrage. Tatsächlich verflüchtigten sich die Klischeebilder vom „Besser-Wessi“ und „Jammer-Ossi“ rasch, wenn West- und Ostdeutsche miteinander in Kontakt kamen. Und vor allem bei der Bevölkerung in den neuen Bundesländern kam bei aller Enttäuschung über Details des Vereinigungsprozesses, bei aller Distanz zu vielen Werten und dem wirtschaftlichen System der Bundesrepublik nie auch nur annähernd der Gedanke auf, man solle den Prozess wieder rückgängig machen. Auf die Frage „Ist die deutsche Wiedervereinigung für Sie eher ein Anlass zur Freude oder eher zur Sorge?“ antwortete stets eine deutliche Mehrheit der Ostdeutschen, sie sei ein Anlass zur Freude. Da waren es schon eher die Westdeutschen, die angesichts der Kosten der Einheit zeitweilig Sorgen zu Protokoll gaben, ohne dass dies aber mit einer Ablehnung der Einigung gleichzusetzen wäre.[126] Die vielzitierte „Mauer in den Köpfen“ hatte nie den Charakter eines grundlegenden, unüberwindlichen gesellschaftlichen Konflikts. Stattdessen mussten die Deutschen nach Jahrzehnten der Trennung im Alltag erst wieder zueinanderfinden.

Der Höhepunkt der gegenseitigen Missverständnisse zwischen Ost- und Westdeutschen lag in der Mitte der 1990er-Jahre, danach entspannte sich die Situation merklich. Spätestens Mitte des vergangenen Jahrzehnts zeigten die Allensbacher Umfragen, dass die Bevölkerung des Ost-West-Konflikts müde geworden war. Deutliche Mehrheiten in beiden Landesteilen stimmten der Aussage zu, es mache keinen Sinn mehr, immer noch auf den Unterschieden zwischen Ost-

und Westdeutschland herumzureiten, und zwei Drittel bestätigten die These „Auch wenn es nach wie vor Unterschiede zwischen Ost- und Westdeutschland geben mag – letztlich haben sich Ost- und Westdeutsche doch ziemlich aneinander gewöhnt."[127] In Ostdeutschland war am Ende des Jahrzehnts sogar eine – wenn auch knappe – Mehrheit der Bevölkerung davon überzeugt, dass die 1990 versprochenen „blühenden Landschaften" Wirklichkeit geworden seien.[128]

Heute beschränkt sich die Auseinandersetzung zwischen „Ossis" und „Wessis" nur noch auf vergleichsweise kleine Bevölkerungsgruppen. Es ist, als habe sich eine Verkrampfung gelöst, und so wird das Zusammenwachsen der beiden Landesteile seit einigen Jahren von

Abbildung 20

Anlass zur Freude – Westdeutschland

Frage: „Ist die deutsche Wiedervereinigung eher Anlass zur Freude oder zur Sorge?"

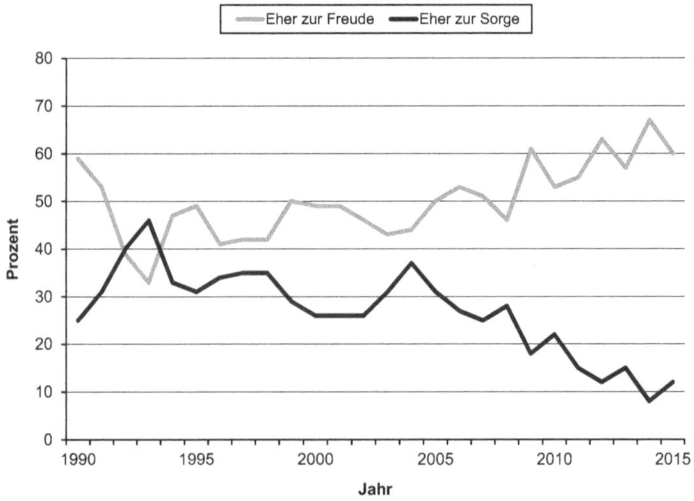

Quelle: Allensbacher Archiv, IfD-Umfragen

der Bevölkerung mit deutlich unbefangenerer Freude beobachtet als im ersten Jahrzehnt nach der Einheit. Erkennbar ist dies beispielsweise an den Antworten auf die bereits erwähnte Frage „Ist die deutsche Wiedervereinigung eher Anlass zur Freude oder eher zur Sorge?" In den Jahren 1992 und 1993 hatte kurzzeitig eine relative Mehrheit der Westdeutschen gesagt, bei ihnen überwiege angesichts der Wiedervereinigung eher die Sorge. Seitdem war stets eine Mehrheit der Ansicht, die deutsche Einheit sei in erster Linie ein Grund zur Freude, und diese Mehrheit ist spätestens seit Mitte der 2000er-Jahre praktisch kontinuierlich gestiegen. 2015 waren es 60 Prozent der Westdeutschen, die der Wiedervereinigung in diesem Sinne positiv gegenüberstanden, und nur 12 Prozent bereitete sie Sorgen (Abbildung 20). Selbst im Oktober 1990, in der ersten Allensbacher Umfrage nach der Wiedervereinigung, hatten nur 59 Prozent der Westdeutschen die Einheit als Grund zur Freude bezeichnet.

Im Prinzip die gleiche Trendentwicklung ist in den neuen Bundesländern zu beobachten. Hier überwog stets deutlich der Anteil derjenigen, die sagten, die Wiedervereinigung sei für sie in erster Linie ein Grund zur Freude, doch auch hier ist seit etwa einem Jahrzehnt eine zusätzliche positive Tendenz zu erkennen. 2015 gaben 74 Prozent der befragten Ostdeutschen diese Antwort. Das ist der höchste Wert seit Oktober 1990 (Abbildung 21). Je länger der Fall der Mauer und die deutsche Einheit zurückliegen, desto mehr freuen sich die Deutschen darüber.

Angesichts dieser Entwicklung ist es nur folgerichtig, dass sich die Sorgen, der Wiedervereinigungsprozess könne scheitern, zunehmend verflüchtigen. Auf die Frage „Glauben Sie, dass das Zusammenwachsen Deutschlands gelingt, oder glauben Sie, dass Ost und West im Grunde immer wie zwei getrennte Staaten bleiben werden?" ging im November 2014 die Mehrheit mit 61 Prozent von einem Gelingen aus. Das war der mit Abstand höchste Wert seit Anfang der Messungen im Jahr 1993. Nur noch 24 Prozent erwarteten ein Scheitern des Einigungsprozesses[129] – im Jahr 2004 waren es noch 42 Prozent gewesen.[130]

Abbildung 21

Anlass zur Freude – Ostdeutschland

Frage: „Ist die deutsche Wiedervereinigung eher Anlass zur Freude oder zur Sorge?"

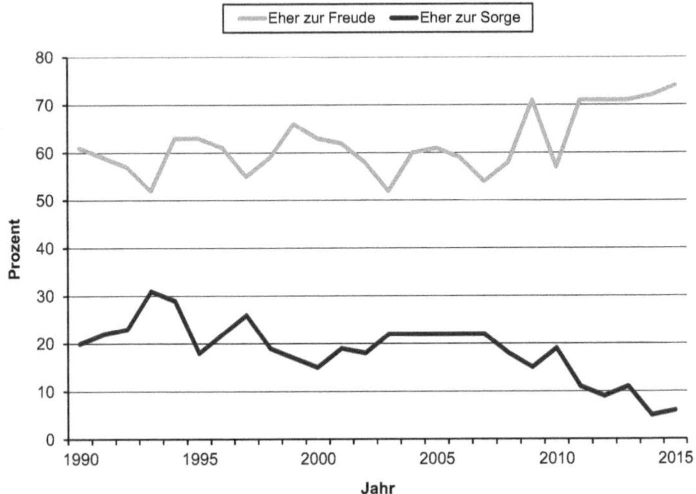

Quelle: Allensbacher Archiv, IfD-Umfragen

Parallel dazu ist das Zusammengehörigkeitsgefühl der Deutschen erheblich gewachsen. Auf die Frage „Wenn Sie einmal die Deutschen im Osten des Landes mit den Deutschen im Westen vergleichen: Überwiegen da die Unterschiede oder überwiegen da die Gemeinsamkeiten?" antworteten im Jahr 1992 52 Prozent der Befragten in den alten Bundesländern, die Unterschiede überwögen. Nur 18 Prozent meinten, es gebe mehr Gemeinsamkeiten als Unterschiede. Seitdem sank zunächst sehr langsam, dann etwas rascher die Zahl derer, die vor allem Unterschiede zwischen den Deutschen in Ost und West wahrnahmen. Bis zum Jahr 2010 überwog aber noch immer die Aussage „Die Unterschiede überwiegen", wenn auch mit deutlich knap-

Abbildung 22

Unterschiede und Gemeinsamkeiten – Westdeutschland

Frage: „Wenn Sie einmal die Deutschen im Osten des Landes mit den Deutschen im Westen vergleichen: Überwiegen da die Unterschiede oder überwiegen da die Gemeinsamkeiten?"

An 100 fehlende Prozent: „Hält sich die Waage" oder „Unentschieden"

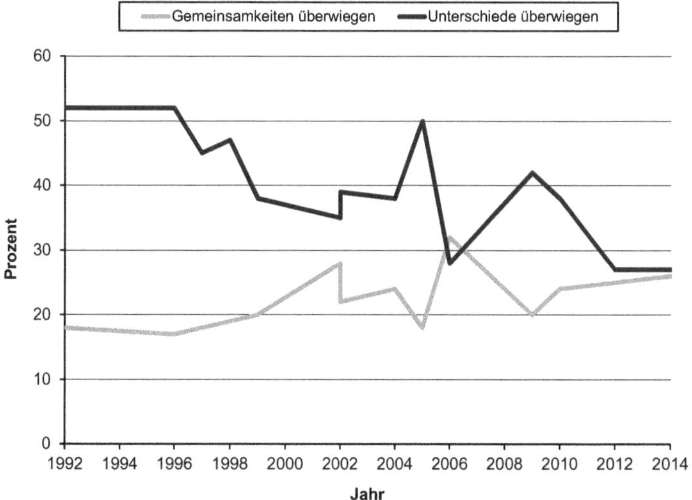

Quelle: Allensbacher Archiv, IfD-Umfragen

perem Vorsprung als 18 Jahre zuvor. Die einzige Ausnahme in dieser Entwicklung bildet das Jahr 2006. Damals sagten 28 Prozent, die Unterschiede überwögen, während es 2005 noch 50 Prozent gewesen waren, ein im Vergleich zu den Vorjahren äußerst hoher Wert. Beides, sowohl der hohe Wert 2005 als auch der besonders niedrige ein Jahr später, ist wahrscheinlich auf Besonderheiten im Tagesgeschehen zurückzuführen. Der Wert des Jahres 2005 wurde im August und damit mitten im Bundestagswahlkampf erhoben, der eine erneute intensive öffentliche Diskussion um die Hartz-IV-Gesetze mit sich brachte, die Zahl von 2006 stammt vom Anfang des Jahres, als die kommende Fußballweltmeisterschaft in Deutschland allmählich ihre Schatten vorauswarf.

Sieht man von diesen beiden Ausnahmen ab, erkennt man, dass die Deutschen sich seit den Tagen der Wiedervereinigung langsam, aber doch beharrlich aneinander gewöhnt zu haben scheinen. Abgesehen vom Weltmeisterschaftsjahr 2006 war 2012 zum ersten Mal der Anteil derjenigen in Westdeutschland, die sagten, es überwögen die Gemeinsamkeiten zwischen Ost- und Westdeutschen, praktisch gleich groß wie der Anteil derjenigen, denen vor allem die Unterschiede auffielen (Abbildung 22).

Und auch hier ist in den neuen Bundesländern im Prinzip die gleiche Entwicklung zu beobachten. So sagte im Jahr 2005 ein besonders großer und 2006 ein besonders kleiner Anteil der ostdeutschen Bevölkerung, dass die Gemeinsamkeiten zwischen Ost- und Westdeutschen überwiegen, und auch sonst zeigt sich tendenziell das gleiche Bild wie im Westen. Das Gefühl, anders zu sein als die Deutschen auf der anderen Seite des ehemaligen eisernen Vorhangs, ist im Osten etwas ausgeprägter als im Westen, doch die Zahl derjenigen, die die Unterschiede zwischen Ost- und Westdeutschen für größer als die Gemeinsamkeiten halten, hat sich von 1992 bis 2014 von 70 auf 34 Prozent halbiert (Abbildung 23).

Besonders für die junge Generation spielt der Ost-West-Konflikt offenbar keine besondere Rolle mehr. Während etwa jeder Dritte der 60Jährigen und älteren Befragten sagt, es überwögen die Unterschiede zwischen Ost- und Westdeutschen, ist es bei den unter 30Jährigen nur jeder Fünfte; die mittleren Altersgruppen liegen mit ihren Antworten dazwischen.[131] Man erkennt, wie der Eindruck, Ost- und Westdeutsche würden wesentlich voneinander abweichen, von Generation zu Generation abnimmt.

Das bedeutet nicht, dass es aus Sicht der Bevölkerung keine nennenswerten Unterschiede zwischen Ost- und Westdeutschen mehr gibt. Nach wie vor werden durchaus deutliche Kontraste wahrge-

Abbildung 23

Unterschiede und Gemeinsamkeiten – Ostdeutschland

Frage: „Wenn Sie einmal die Deutschen im Osten des Landes mit den Deutschen im Westen vergleichen: Überwiegen da die Unterschiede oder überwiegen da die Gemeinsamkeiten?"

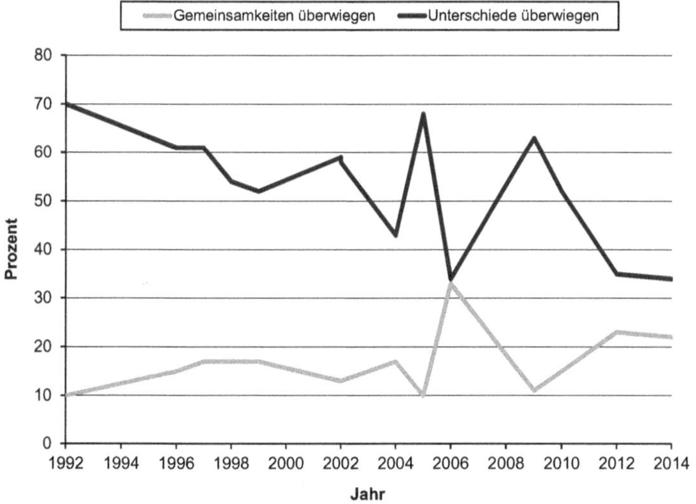

An 100 fehlende Prozent: „Hält sich die Waage" oder „Unentschieden"

Quelle: Allensbacher Archiv, IfD-Umfragen

nommen, wenn diese auch erkennbar in den Hintergrund gerückt sind. Auch die gelegentlich zu hörende Behauptung, dass es in der Geschichte immer Unterschiede zwischen Ost- und Westdeutschen gegeben habe, wie es ja auch Kontraste zwischen Nord- und Süddeutschen gebe, führt in die Irre. Die in den Jahren der Teilung und der Prägung in verschiedenen Gesellschaftssystemen entstandenen Mentalitätsunterschiede werden noch immer als stärker empfunden als die historisch gewachsenen Kontraste zwischen Nord- und Süddeutschen.[132] Dies zeigen die Antworten auf die ebenfalls im Jahr

2012 gestellte Frage „Was würden Sie sagen, wer unterscheidet sich stärker voneinander: die Ostdeutschen und die Westdeutschen oder die Norddeutschen und die Süddeutschen?" 46 Prozent der Befragten antworteten darauf, der Unterschied zwischen Ost- und Westdeutschen sei größer als der zwischen Nord- und Süddeutschen, während nur 19 Prozent widersprachen.

Doch es ist offensichtlich, dass die Ost-West-Auseinandersetzung für die Bevölkerung erheblich an Schärfe verloren hat.[133] Darüber hinaus gibt es deutliche Anzeichen dafür, dass auch diejenigen, die noch deutliche Unterschiede zwischen Ost und West wahrnehmen, der öffentlichen Diskussion darüber überdrüssig geworden sind. Dies zeigen die Antworten auf die folgende Frage: „Neulich sagte uns jemand: ‚20 Jahre nach der Wiedervereinigung hat es keinen Sinn mehr, immer noch auf den Unterschieden zwischen Ost- und Westdeutschen herumzureiten. Natürlich gibt es da auch Probleme, aber alles in allem ist es doch gut so, wie es jetzt ist.' Sehen Sie das auch so, oder sehen Sie das nicht so?" Mehr als zwei Drittel der Deutschen, 72 Prozent im Westen und immerhin noch 57 Prozent im Osten, sagten im Oktober 2012, das sei auch ihre Ansicht. Nur knapp jeder Siebte im Westen und jeder Dritte im Osten widersprach ausdrücklich, und auch hier ist kein Generationenunterschied erkennbar. Junge wie Alte stimmten darin überein, es habe heute keinen Sinn mehr, die Unterschiede zwischen Ost- und Westdeutschen immer wieder zu betonen.[134] Dieses Ergebnis illustriert vielleicht am anschaulichsten den Stand des Fortschrittes bei der deutschen Einheit: Es sind bei Weitem noch nicht alle Irritationen zwischen Ost- und Westdeutschen beseitigt – wobei, wie bereits erwähnt, die gefühlte Distanz der Ostdeutschen gegenüber den Westdeutschen größer ist als umgekehrt. Doch alles in allem ist der Konflikt aus Sicht der Bevölkerung weitgehend ausgestanden, und gerade in den letzten Jahren hat es hier erhebliche Fortschritte gegeben.

Angesichts dieser Entwicklung ist es nur folgerichtig, dass mit der Distanz zwischen Ost- und Westdeutschen auch das Gefühl einer gesonderten Identität als Ost- oder Westdeutscher schwindet. In den alten Bundesländern war das Gefühl, in erster Linie dem Westen zugehörig zu sein und erst in zweiter Linie der Nation als Ganzes, ohnehin nie besonders stark ausgeprägt. Auf die Frage „Fühlen Sie sich im Allgemeinen eher als Deutscher oder eher als Westdeutscher?" antworteten im Jahr 1992, als die Frage zum ersten Mal gestellt wurde, 57 Prozent der Westdeutschen, sie fühlten sich vor allem als Deutsche; nur 34 Prozent meinten: „Eher als Westdeutscher."[135] Danach stieg der Anteil derer, die sich in erster Linie als Deutsche fühlen, und erreichte im Jahr 2012 72 Prozent.[136]

Ganz anders war bei dieser Frage die Ausgangsituation im Osten. Als in den neuen Bundesländern 1992 die Frage gestellt wurde, ob man sich eher als Deutscher oder als Ostdeutscher fühle, stimmten fast zwei Drittel aller Befragten, 63 Prozent, der zweiten Einschätzung zu; nur knapp jeder Dritte widersprach.[137] Auch rückblickend könnte es sich lohnen, die Ursachen für diesen krassen Unterschied zwischen Ost- und Westdeutschen in den ersten Jahren nach der Einheit intensiver zu untersuchen. Vermutlich spielen hier mehrere Faktoren eine Rolle. Einer könnte die Erfahrung sein, dass in den Jahren unmittelbar nach dem Fall der Berliner Mauer ein neues Wirtschaftssystem und neue Lebens- und Konsumgewohnheiten vom Westen aus den Alltag der ostdeutschen Bevölkerung außerordentlich rasch und gründlich veränderten. Die Umfrageergebnisse aus diesen Jahren zeigen, dass dies, anders als man vielleicht annehmen könnte, das allgemeine Selbstbewusstsein der Ostdeutschen nur wenig erschütterte. Der Aussage „Nach all diesen Ereignissen der letzten Jahre, Umstürzen, Veränderungen usw. muss ich sagen: Ich kann die Welt nicht mehr verstehen!" stimmten in den 90er-Jahren mehr West- als Ostdeutsche zu.[138] Dennoch erscheint es plausibel anzunehmen, dass das Gefühl, von Ungewohntem geradezu überrollt zu werden, das Gefühl der Fremdheit gegenüber dem Westen und seinen Gebräuchen verstärkt hat.

Ein weiterer Grund könnte in dem in den Jahrzehnten der Teilung propagierten Selbstverständnis der DDR als eigenständiges Land mit einem eigenen Staatsvolk liegen. Während die Bundesrepublik sich stets als deutscher Teilstaat verstand, an dem im Grundgesetz verankerten Wiedervereinigungsgebot festhielt und sich bemühte, das Zusammengehörigkeitsgefühl mit dem anderen Teil Deutschlands wachzuhalten,[139] gingen die Bestrebungen der offiziellen Propaganda in der DDR in die entgegengesetzte Richtung. Hier wurde versucht, das Bewusstsein, wonach die DDR nur Teil einer größeren Nation ist, zu verdrängen. Man muss vermuten, dass das Selbstbild vieler Ostdeutscher nach der Wende auch durch diese Lesart der Geschichte geprägt war.

An dieser Stelle ist nun von Interesse, dass das Gefühl einer spezifischen Ost-Identität in den neuen Bundesländern nach dem nun schon von anderen Fragen her bekannten Muster geschwunden ist: Sieht man von der „Sonderkonjunktur" im Jahr 2006 ab, sinkt seit Mitte der 90er-Jahre der Anteil derjenigen, die sich eher als Ostdeutsche denn als Deutsche fühlen, kontinuierlich. 2009 überwog zum ersten Mal die Zahl derer, die sagten, sie fühlten sich in erster Linie als Deutsche. 2012, als die Frage zum bisher letzten Mal gestellt wurde, gab eine Mehrheit von 53 Prozent diese Antwort, bei 42 Prozent hatte die ostdeutsche Identität noch Vorrang.[140]

Es ist anzunehmen, dass sich diese Entwicklung in den kommenden Jahren fortsetzen wird. Das dürfte selbst dann der Fall sein, wenn sich – aus welchen Gründen auch immer – das Klima zwischen Ost- und Westdeutschland wieder verschlechtern sollte. Offensichtlich ist die Antwort auf die Frage, ob sich jemand zunächst als Deutscher oder als Ostdeutscher fühlt, wesentlich vom Geburtsjahrgang abhängig. Diejenigen, die 45 Jahre oder älter sind, zeigen sich bei der Frage gespalten: Jeweils etwa die Hälfte fühlte sich im Herbst 2012 in erster Linie als Deutscher oder Ostdeutscher. Bei den 30- bis 44Jährigen überwog bereits die Zahl derjenigen, die sich eher als Deutsche empfanden. Ein auffallend anderes Bild zeigte sich aber vor allem bei den unter 30Jährigen, also der Generation, die bereits im vereinten Deutschland aufgewachsen ist. Sie sagten zu 74 Prozent, dass sie sich in erster Linie als Deutsche fühlen (Abbildung 24) – das waren sogar noch 2 Prozent mehr als bei ihren westdeutschen Altersgenossen. Es ist offensichtlich, dass hier bei der älteren Generation die Prägung in den Zeiten der Teilung nachwirkt; vielleicht spielen bei einigen auch gewisse Schwierigkeiten eine Rolle, sich gänzlich an das neue gesellschaftliche System zu gewöhnen. Der jungen Generation sind diese Anpassungsprobleme fremd. Sie fühlt im gleichen Maße gesamtdeutsch wie die Westdeutschen. In Westdeutschland ist ein

Abbildung 24

Die jungen Ostdeutschen fühlen gesamtdeutsch

Frage an alle Ostdeutschen: „Fühlen Sie sich im Allgemeinen eher als Deutscher oder mehr als Ostdeutscher?"

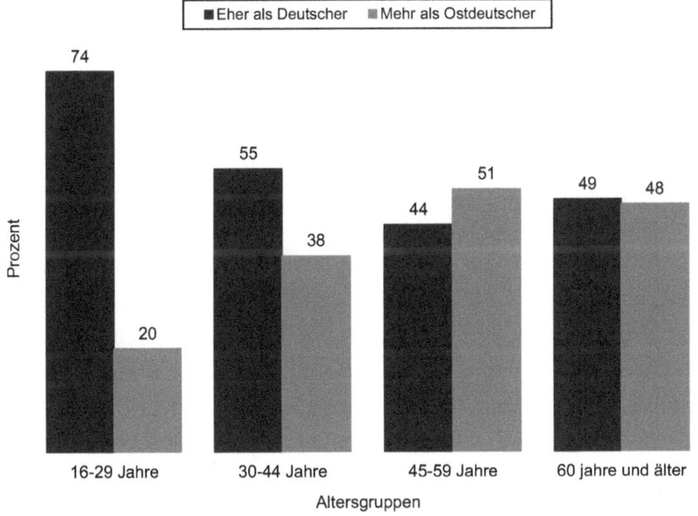

Quelle: Allensbacher Archiv, IfD-Umfrage Nr. 10098 (Oktober 2012)

vergleichbarer Generationenunterschied dagegen nicht zu erkennen – hier überwiegt die gesamtdeutsche Perspektive ohnehin in allen Generationen.

Einer der wichtigsten Gründe dafür, dass sich das Verhältnis zwischen Ost- und Westdeutschen in den letzten Jahren deutlich entspannt hat, ist vermutlich, dass die Integration der beiden Landesteile auch im Alltagsleben der Menschen voranschreitet. Immer größer wird die Zahl derjenigen, für die es selbstverständlich ist, die ehemalige Zonengrenze aus privaten oder beruflichen Gründen zu überschreiten. Während im Jahr 1993 auf die Frage „Sind Sie in den letzten 12 Monaten einmal mit Ostdeutschen zusammengekommen?" 57 Prozent der befragten Westdeutschen mit „Ja" antworteten, waren es 2012 bereits 71 Prozent. Nicht verändert hat sich dagegen der Anteil der Ostdeutschen, die in den zwölf Monaten vor dem Interview mit Westdeutschen zusammengetroffen waren. Er war von Anfang an mit 80 Prozent außerordentlich hoch und lag damit auf einem Niveau, das sich vermutlich kaum noch steigern ließe. 2012 wurde mit 82 Prozent praktisch der gleiche Wert ermittelt wie knapp zwanzig Jahre zuvor.[141] Diese Zahlen scheinen auf den ersten Blick zu suggerieren, dass die Bürger in den alten Bundesländern zunächst weniger an Ostdeutschland interessiert gewesen seien als umgekehrt die Ostdeutschen an der alten Bundesrepublik. Bis zu einem gewissen Grade ist dies wahrscheinlich auch tatsächlich der Fall: Ostdeutschland war aus westlicher Sicht sicherlich ein weniger attraktives Reiseziel als der Westen für die Bürger der ehemaligen DDR. Doch zumindest zum Teil ist die scheinbare Asymmetrie zwischen den Ostkontakten Westdeutscher und den Westkontakten Ostdeutscher auch auf einen simplen statistischen Effekt zurückzuführen: Da in Westdeutschland wesentlich mehr Menschen leben als in den neuen Bundesländern, ist auch die Wahrscheinlichkeit, dass ein Westdeutscher Ostdeutsche zu seinen persönlichen Bekannten zählt, wesentlich geringer als umgekehrt die Wahrscheinlichkeit, dass Ostdeutsche westdeutsche Bekannte haben. Alles in allem kann man den Umstand, dass bereits im Jahr 1993 über die Hälfte der Westdeutschen sagte, sie wären im vorangegangenen Jahr mindestens einmal mit Ostdeutschen zusammengekommen, als Zeichen eines äußerst lebhaften Interesses am anderen Landesteil deuten.

Die wachsende Zahl der Kontakte zwischen Ost- und Westdeutschen ist für den Vereinigungsprozess deswegen von besonders großer Bedeutung, weil nichts besser dazu geeignet ist, die gegenseitigen Zerrbilder zu korrigieren, als persönliche Begegnungen. Dies zeigte sich bereits in der ersten Phase nach der deutschen Einheit: Anfang der 1990er Jahre kam in der öffentlichen Diskussion das Schlagwort vom „Besser-Wessi" auf, eine sprachlich brillante, aber gerade auch deswegen besonders hinterhältige Wortschöpfung, die die Begriffsbestandteile „Wessi" und „Besserwisserei" in einer Weise miteinander verknüpfte, dass dabei zusätzlich ein Beiklang von moralischer Überheblichkeit entstand. Eifrig wurde der Begriff in der Berichterstattung als Charakterisierung von Westdeutschen aufgegriffen. Fragte man jedoch die Ostdeutschen, die persönlichen Kontakt zu Westdeutschen hatten, stellte sich heraus, dass nur eine Minderheit diese als „Besser-Wessis" erlebt hatte. Selbst 1993, also zu einem Zeitpunkt, an dem, wie oben beschrieben, die Kommunikationsprobleme zwischen Ost und West allmählich ihren Höhepunkt erreichten, sagten nur 34 Prozent derer, die in den vorangegangenen zwölf Monaten mit Westdeutschen zusammengekommen waren, es habe sich dabei um „Besser-Wessis" gehandelt. 56 Prozent hatten hingegen nicht diesen Eindruck gehabt. Zwei Jahrzehnte später waren die Resultate noch eindeutiger: Nur noch 16 Prozent sagten 2012, sie seien in den vergangenen zwölf Monaten einem „Besser-Wessi" begegnet. Mehr als drei Viertel, 76 Prozent, hatten dies nicht erlebt (Abbildung 25).

Auch hier zeigt sich wieder, wie sich Ost- und Westdeutsche in den vergangenen Jahren aneinander gewöhnt und sich auch in der persönlichen Kommunikation mehr und mehr aufeinander eingestellt haben. Mit jedem Fall, in dem ein Ostdeutscher einem West-

Abbildung 25

Keine „Besser-Wessis"

Frage an alle Ostdeutschen, die in den letzten 12 Monaten einmal mit Westdeutschen zusammengekommen waren:

„Und haben Sie dabei den Eindruck gehabt, dass es ‚Besser-Wessis' waren, oder hatten Sie nicht diesen Eindruck?"

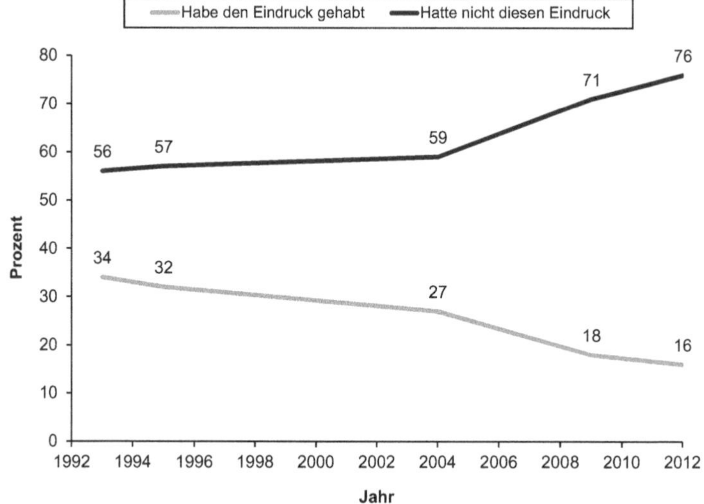

Quelle: Allensbacher Archiv, IfD-Umfragen Nr. 5086, 6018, 7058, 10038, 10098

deutschen begegnet, den er nicht als „Besser-Wessi" empfindet, wird das zeitweise recht verbreitete Zerrbild des zu laut und arrogant auftretenden Westdeutschen schwächer – das im Wesentlichen durch die Medien geprägte Fernbild wird nach und nach durch das auf eigener Erfahrung aufbauende Nahbild ersetzt.

Noch eindeutiger wurde von Anfang an das in Westdeutschland zwischenzeitlich verbreitete Klischeebild des ewig unzufriedenen und nörgelnden Ostdeutschen bei persönlichen Begegnungen widerlegt. Analog zu der in Ostdeutschland gestellten Frage nach den

„Besser-Wessis" wurden in den alten Bundesländern diejenigen, die zuvor mit Ostdeutschen zusammengekommen waren, gefragt, ob es sich bei diesen um „Jammer-Ossis" gehandelt habe. Mehr als zwei Drittel der Befragten antworteten darauf mit „Nein", nur jeder Fünfte fand das Klischeebild bestätigt. An diesen Antworten hat sich seitdem nichts Wesentliches geändert (Abbildung 26). Bei derart eindeutig positiven persönlichen Erfahrungen können die Negativklischees auf Dauer keine Kraft entwickeln.

Abbildung 26

Keine „Jammer-Ossis"

Frage an alle Westdeutschen, die in den letzten 12 Monaten einmal mit Ostdeutschen zusammengekommen waren:

> „Und haben Sie dabei den Eindruck gehabt, dass es ‚Jammer-Ossis' waren, oder hatten Sie nicht diesen Eindruck?"

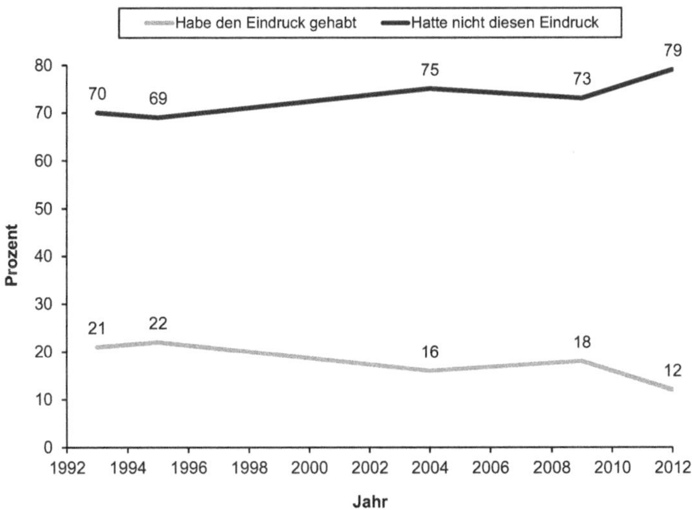

Quelle: Allensbacher Archiv, IfD-Umfragen Nr. 5086, 6018, 7058, 10038, 10098

Offensichtlich führt die langsam, aber sicher steigende Zahl persönlicher Kontakte zwischen den Bürgern aus beiden Landesteilen dazu, dass auch das im Alltag erlebte Gefühl der Fremdheit schwindet, das anfangs selbst viele derjenigen verspürten, die Kontakte in den anderen Landesteil pflegten. Die mittlerweile weit fortgeschrittene Angleichung der Lebensstile mag zusätzlich dazu beigetragen haben. Welche Fortschritte das Zusammengehörigkeitsgefühl gemacht hat, zeigt sich an den Antworten auf die folgende Frage, die allen Westdeutschen gestellt wurde, die zumindest gelegentlich nach Ostdeutschland kamen: „Wenn Sie nach Ostdeutschland fahren, fühlen Sie sich dann immer noch ein bisschen fremd, so, als würden Sie in ein anderes Land fahren, oder geht Ihnen das nicht so?" Im Jahr 2000 sagte immerhin noch jeder dritte Befragte, dass er bei einem Besuch in den neuen Bundesländern so empfinde, 2012 waren es nur noch 22 Prozent.[142]

Wie sehr die Kontakte zwischen Ost- und Westdeutschen inzwischen zur Normalität geworden sind, zeigen die Antworten auf eine etwas ungewöhnliche Frage, die am Institut für Demoskopie Allensbach intern die „Schwarzmeer-Frage" genannt wird. Sie wurde zu Beginn der 1970er-Jahre entwickelt, um das Gefühl der Verbundenheit der Westdeutschen mit der Bevölkerung in der damaligen DDR zu erfassen. Seit Gründung der Bundesrepublik Deutschland und der DDR hatte das Allensbacher Institut immer wieder Fragen zum Wunsch nach einer Wiedervereinigung der beiden deutschen Staaten gestellt, doch in den 60er-Jahren wirkten sie mit den erstarrten Fronten des Kalten Krieges immer wirklichkeitsfremder. Der Bau der Mauer schien die Teilung des Landes zementiert zu haben, und die Diskussionen um eine Neuordnung der Ostpolitik der Bundesrepublik Deutschland, die schließlich zu den Ostverträgen führte, ließ die Forderung nach einer Wiedervereinigung in der öffentlichen Debatte in den Hintergrund rücken.[143] Eine Zusammenführung von Ost- und Westdeutschland war, so zumindest der allgemeine Eindruck, in näherer Zukunft keine mögliche Option, direkte

Fragen zu diesem Thema wirkten entsprechend nicht mehr zeitgemäß.[144]

Die „Schwarzmeer-Frage" dokumentierte nun, dass auch in Zeiten, in denen es als nicht angemessen oder als wirklichkeitsfremd galt, über die deutsche Einheit zu sprechen, das Zusammengehörigkeitsgefühl der Westdeutschen mit den Ostdeutschen keineswegs verschwunden war. Die Frage lautete: „Stellen Sie sich bitte einmal vor, Sie machen Ferien irgendwo am Schwarzen Meer. Eines Tages lernen Sie dort einen anderen Deutschen kennen. Im Gespräch erfahren Sie, dass er aus der DDR kommt. Was denken Sie da wohl im ersten Moment, wenn Sie das erfahren?" Das Szenario war mit Bedacht gewählt worden, denn vor allem die rumänische Schwarzmeerküste war Anfang der 70er-Jahre ein beliebtes Reiseziel Westdeutscher und damit einer der wenigen Orte, an denen es leicht ein zufälliges Zusammentreffen zwischen Bundesbürgern und Bürgern der DDR geben konnte.

Unter den zur Auswahl gestellten Antworten wählten im Juli 1970 71 Prozent der Befragten die Aussage „Ich wäre neugierig, mich mit ihm zu unterhalten" aus. 61 Prozent meinten, sie würden sich über das Zusammentreffen mit dem DDR-Bürger freuen, 59 Prozent sagten, sie glaubten, dass sie sich als Deutsche im Ausland gut verstehen würden. Nur wenige Befragte äußerten sich enttäuscht (2 Prozent) oder meinten, sie und der DDR-Bürger hätten sich wohl wenig zu sagen (12 Prozent). Als die Frage im August 1989, also kurz vor dem Mauerfall, wiederholt wurde, hatte sich an den Reaktionen der Befragten gegenüber dem Jahr 1970 praktisch nichts verändert. 2012 wurde die Frage noch einmal gestellt und behutsam an die Verhältnisse im vereinten Deutschland angepasst: Der fiktive Urlaub wurde, den heutigen Vorlieben entsprechend, ans Mittelmeer verlegt – es bedurfte nicht mehr des Schwarzen Meers, um das Szenario realistisch erscheinen zu lassen. Darüber hinaus wurde die Urlaubsbekanntschaft selbstverständlich nicht mehr als DDR-Bürger vorgestellt, sondern nun hieß es im Fragetext: „Im Gespräch erfahren Sie, dass er aus Ostdeutschland kommt." Abbildung 27 zeigt das Ergebnis zu dieser Frage für alle drei Befragungszeitpunkte. Man erkennt, dass die positiven Reaktionen noch immer weitaus überwogen. Mit an der Spitze der am häufigsten genannten Aussagen stand, ausgewählt von 53 Prozent der Westdeutschen: „Ich glaube, wir würden uns als Deutsche im Ausland gut verstehen." Negative Reaktionen waren genauso selten wie rund 40 bzw. 20 Jahre zuvor.

Bemerkenswert ist aber, dass der Frage eine neue Antwortkategorie hinzugefügt werden musste, damit sie unter den Bedingungen des Jahres 2012 überhaupt noch gestellt werden konnte, nämlich die Aussage: „Ich würde nichts Besonderes denken." Sie wurde von 56 Prozent der Befragten ausgewählt und steht damit ganz an der Spitze der Rangfolge der am häufigsten genannten Punkte. Offensichtlich ist für die meisten Westdeutschen das Zusammentreffen mit Ostdeutschen heute schlicht und ergreifend Normalität, Alltag. Dass die in der Schwarzmeer- (oder Mittelmeer)Frage beschriebene Szene noch wenige Jahre zuvor als ungewöhnliches Ereignis empfunden wurde, können sich anscheinend heute viele Menschen nicht mehr vorstellen.

Anders als dies noch 1970 und 1989 möglich war, wurde 2012 in den neuen Bundesländern eine analog formulierte Variante der Frage gestellt, in der die Urlaubsbekanntschaft als Westdeutscher vorgestellt wurde. In der Grundstruktur ähnelten die Antworten der ostdeutschen Befragten stark denen der Westdeutschen, waren jedoch alles in allem etwas zurückhaltender. So sagten lediglich 41 Prozent der Ostdeutschen, sie und der Westdeutsche würden sich „als Deutsche im Ausland gut verstehen." Doch die explizit negativen Reaktionen waren auch in den neuen Bundesländern äußerst selten.[145] Es ist nicht gewagt anzunehmen, dass es in wenigen Jahren kaum noch möglich sein wird, die Frage erneut zu stellen, weil sich vor allem den jüngeren Befragten ihr Sinn gar nicht mehr erschließen wird.

Rückblickend zeigen alle diese Trendergebnisse, wie schwer und schmerzhaft der Prozess der deutschen Einigung war und in Teilen

Abbildung 27

Die „Schwarzmeer-Frage"

Frage: „Stellen Sie sich vor, Sie machen Ferien irgendwo am Schwarzen Meer (2012: Mittelmeer). Eines Tages lernen Sie dort einen anderen Deutschen kennen. Im Gespräch erfahren Sie, dass er aus der DDR (2012: Ostdeutschland) kommt. Was denken Sie da wohl im ersten Moment, wenn Sie das erfahren?" (Listenvorlage)

– Westdeutschland, Auszug aus den Angaben –

	Juli 1970 %	August 1989 %	Oktober 2012 %
Ich wäre neugierig, mich mit ihm zu unterhalten	71	71	52
Ich würde mich freuen	61	57	31
Ich glaube, wir würden uns als Deutsche im Ausland gut verstehen	59	54	53
Ich glaube, wir hätten uns wenig zu sagen	12	13	9
Ich hätte Lust, mich von ihm zurückzuziehen	3	4	4
Ich wäre enttäuscht	2	2	1
Ich würde nichts Besonderes denken (nur 2012)	-	-	56

Quelle: Allensbacher Archiv, IfD-Umfragen Nr. 2064, 5014, 10098

auch heute noch ist. Es war eine enorme Aufgabe, zwei Landesteile, die immerhin über 40 Jahre hinweg getrennt voneinander waren und in dieser Zeit in vielerlei Hinsicht verschiedene Werte und Sitten und ein zumindest in Teilen unterschiedliches Lebensgefühl entwickelt hatten, zu einer Nation zusammenzufügen. Der Erfolg des Prozesses stand letztlich nie in Zweifel, denn es gab, wie am Anfang dieses Kapitels beschrieben, auch nach den Jahren der Teilung immer noch viele Gemeinsamkeiten, an die angeknüpft werden konnte. Auch war von Anfang an klar, dass die Deutschen in Ost und West trotz aller gegenseitigen Missverständnisse und gelegentlicher Verärgerung fest entschlossen waren, wieder in einem gemeinsamen Land zu leben. Doch ein Land, das in Fragen der Weltanschauung, der Werte und des Lebensgefühls so sehr gespalten ist wie das Deutschland der 90er-Jahre, ist psychologisch belastet. Die Identifikation der Bürger mit der eigenen Nation ist schwerer, wenn sie das Gefühl haben, ein wesentlicher Teil des Landes oder gar sie selbst gehörten eigentlich gar nicht richtig dazu. Das bedeutet umgekehrt, dass die weitgehende Bewältigung des Einigungsprozesses in den letzten Jahren die psychologische Last verringert und die Identifikation mit dem Land erleichtert hat.

6. Ankunft im Westen

Es mag dem Leser etwas eigenartig vorkommen, dass in diesem Buch oft von der Bevölkerung und ihrer Identität die Rede ist, als handele es sich um eine einzelne Person. Doch für einen Sozialwissenschaftler ist diese Sichtweise keineswegs befremdlich. Eine der merkwürdigsten, aber auch faszinierendsten Erkenntnisse, die die Umfrageforschung ermöglicht, ist, dass es neben der persönlichen auch so etwas wie eine kollektive Identität gibt (so widersprüchlich dies auch klingen mag). Die Hunderttausende Gespräche zwischen den Menschen, das stete Beobachten der Nachbarn, Freunde und Bekannten, das ständige unbewusste Aushandeln der gesellschaftlichen Normen, dies alles bildet die Grundlage für ein Gefühl der Zusammengehörigkeit und der gemeinsamen Identität als Volk und damit die Grundlage dafür, dass eine Gesellschaft als Ganzes überhaupt handeln kann. Recht anschaulich hat dies Arthur Conan Doyle in seinem 1890 geschriebenen Sherlock-Holmes-Roman „Im Zeichen der Vier" gezeigt. Während einer Verfolgungsjagd auf der Themse lässt er seinen Titelhelden philosophieren: „Der einzelne Mensch ist ein unlösbares Rätsel, aber zusammengenommen werden die Menschen zu einer statistischen Gewissheit. Man kann, zum Beispiel, niemals voraussagen, was ein bestimmter Mensch tun wird, aber mit großer Präzision kann man sagen, was der Durchschnitt einer großen Zahl von Menschen im Schilde führt. Die Individuen sind äußerst verschieden und wechselhaft, aber Prozentzahlen sind konstant."[146]

Die Aussage aus Conan Doyles Roman ist natürlich übertrieben. Wenn Prozentzahlen wirklich konstant wären, hätten Umfrageforscher nichts mehr zu tun. Doch das Zitat illustriert gut die Tatsache, dass Gesellschaften Eigenschaften und Verhaltensweisen annehmen, die so etwas wie einen gemeinsamen Charakter bilden, der über die bloße Summe der Verhaltensweisen und Eigenschaften der einzelnen Bürger hinausgeht. Nicht ohne Grund spricht man in der Alltagssprache von Dingen wie der „Schwarmintelligenz" oder dem „kollektiven Gedächtnis". Es ist die Aufgabe der Sozialwissenschaften, Gesellschaften auf dieser kollektiven Ebene zu untersuchen und zu beschreiben. Daher haben Sozialwissenschaftler wenig Probleme damit, ganzen Völkern Gefühle oder „Persönlichkeitseigenschaften" zuzuschreiben, auch wenn sie wissen, dass viele einzelne Mitglieder der Gesellschaft ganz andere Eigenschaften oder Gefühle haben können.

Vielleicht hilft der Blick auf diese spezifisch sozialwissenschaftliche Perspektive zu verstehen, warum es durchaus sinnvoll sein kann, Kategorien der Individualpsychologie auf Gesellschaften als Ganzes anzuwenden. So wird man kaum bezweifeln, dass es das Selbstbewusstsein und das geistige Gleichgewicht eines Menschen fördert, wenn er mit seiner eigenen Identität und seinem persönlichen Umfeld im Reinen ist, wenn er also weiß, wer er ist und welchen anderen Menschen er sich zugehörig fühlt. Es spricht einiges dafür anzunehmen, dass das auch für Völker gilt.[147] Auch sie, so kann man annehmen, sind innerlich ruhiger, wenn sie wissen, in welche „Familie" von Völkern sie gehören, als wenn sie gleichsam als Einzelkämpfer, ohne das Gefühl einer Zugehörigkeit zu anderen, durch die Weltgeschichte stolpern. Wenn dies so ist, haben die Deutschen in den letzten Jahrzehnten in dieser Hinsicht große Fortschritte gemacht, denn anders als zumindest in langen Phasen des 20. Jahrhunderts scheinen sie heute genau zu wissen, wohin sie gehören: in die westliche Welt.

Doch was ist das: westliche Welt? Man muss sich ein wenig intensiver mit der Bedeutung des Begriffs vom „Westen" auseinandersetzen, um zu verstehen, wie bemerkenswert sich die Einstellung der Deutschen zu ihm entwickelt hat. Das Stichwort vom „Westen" gehört zu den Begriffen, die in der öffentlichen Diskussion häufig und ganz selbstverständlich verwendet werden und bei denen jeder glaubt zu verstehen, was sie bedeuten – bis er dazu aufgefordert wird, sie zu erklären. Abhängig davon, in welchem Zusammenhang das Stichwort fällt, schwingen dabei verschiedene Untertöne mit. Mal überwiegt eine geostrategische, mal eine kulturelle, mal eine rein geografische Dimension. Der New Yorker Historiker Marvin Perry betont in der Einleitung zu dem von ihm mit herausgegebenen Lehrbuch „Western Civilization" die kulturhistorische Komponente. Die westliche Zivilisation sei eine „Mischung zweier antiker Traditionen, nämlich der jüdisch-christlichen und der griechisch-römischen."[148] Heinrich August Winkler, der das politische Konzept des „Westens" so intensiv erforscht hat wie vermutlich niemand sonst in Deutschland, betont dagegen, obwohl auch er die antiken Wurzeln nicht vernachlässigt, die vergleichsweise kurze Geschichte des Begriffes. Vom „Westen" als einer transatlantischen Einheit sei vor 1890 kaum je die Rede gewesen. Erst die Erfahrung der kulturellen und politischen Gleichrangigkeit Europas und Nordamerikas habe den Begriff um die Jahrhundertwende vor allem in der angelsächsischen Welt zum Schlagwort aufsteigen lassen.[149]

Man erkennt schon in dieser kurzen Passage den Facettenreichtum des Konzepts. Ein spezieller Aspekt dieses komplexen Geflechts aus kulturtraditionellen und geopolitischen Elementen ist nun die Frage, ob und wenn ja in welchem Maße Deutschland zu diesem – im Einzelnen wie immer definierten – Westen hinzugerechnet werden kann.

Vor rund einem Jahrhundert wäre wohl kaum jemand auf diesen Gedanken gekommen. Für die tonangebenden Intellektuellen Deutschlands, schreibt Heinrich August Winkler, sei der Begriff des Westens im Ersten Weltkrieg ein negativ besetzter Kampfbegriff gewesen.

> „Der Westen in Gestalt Frankreichs, Großbritanniens und (…) der Vereinigten Staaten von Amerika stand für das, was sie ablehnten, nämlich demokratische Mehrheitsherrschaft und eine vermeintlich rein materialistische Zivilisation."[150]

Tatsächlich betonen die geopolitischen Planspiele jener Zeit eher den Kontrast zwischen dem deutschsprachigen Kulturraum und den westeuropäischen Ländern, beispielsweise die „Mitteleuropa"-Konzeption des liberalen Reichstagsabgeordneten Friedrich Naumann aus dem Jahr 1915.[151]

Auch in den frühen Jahren der Bundesrepublik Deutschland war die Vorstellung, diese gehöre zum „Westen", keineswegs unumstritten. Während Bundeskanzler Adenauer in der Westbindung die Voraussetzung für die Sicherheit und Stabilität Westdeutschlands sah, liebäugelten weite Teile der Opposition mit einer neutralisierten Mittelposition Deutschlands zwischen den westlichen Ländern auf der einen Seite und der Sowjetunion auf der anderen.[152] Als „Neutralisten" bezeichnete der Chemnitzer Politikwissenschaftler Alexander Gallus diese anfangs durchaus bedeutende politische Strömung,[153] zu der man unter anderem Kurt Schumacher und Gustav Heinemann zählen kann und die sowohl auf der linken als auch auf der rechten Seite des politischen Spektrums einigen Zulauf fand. So spielten neutralistische Argumentationen noch in der linken „Friedensbewegung" der 1980er-Jahre eine Rolle, aber auch in diversen rechten bis rechtsradikalen Strömungen. Gemeinsam war ihren Vertretern – bei allen Unterschieden, die sie auf anderen Gebieten kennzeichneten –, dass sie sich offensichtlich nicht mit dem Westen identifizierten. Hans Peter Schwarz weist darauf hin, dass es in den 50er-Jahren im deutschen Nationalismus tief verwurzelte antiwestliche Einstellungen gegeben hat[154] (und angesichts der Argumentationsmuster von Vertretern aktueller nationalistischer Bewegungen wie der „Alternative für Deutschland" spricht einiges dafür, dass dies auch heute noch der Fall ist, wobei antiwestliche, antiamerikanische Töne vom linken Rand des politischen Spektrums nicht weniger problematisch sind[155]). Erst im Verlauf des Kalten Krieges, so Heinrich August Winkler, sei der Westen zur Kurzformel für das atlantische Bündnis geworden, was zur Folge hatte, dass zwar nun auch Westdeutschland dazugezählt wurde, die Staaten Ostmitteleuropas aber nicht – eine aus der Perspektive früherer Zeiten ungewöhnliche Sichtweise. „Bis zur Mitte des 20. Jahrhunderts wäre kaum jemand auf den Gedanken gekommen, Polen, die Tschechoslowakei oder Ungarn ‚Osteuropa' zuzuordnen."[156]

Diese verschiedenen historischen Schichten führen dazu, dass auch die geografische Definition des „Westens" unscharfe Konturen hat. Winkler zitiert in diesem Zusammenhang den österreichischen Historiker Gerald Stourzh mit dem Satz „Europa ist nicht (allein) der Westen. Der Westen geht über Europa hinaus. Aber: Europa geht auch über den Westen hinaus."[157] Und die Frage, wo in Europa die Grenzen des Westens zu ziehen sind, führt, wie Winkler erläutert, wiederum weit über die geostrategischen Fragen des 20. Jahrhunderts hinaus zurück ins Mittelalter und damit zu Fragen der Kulturtradition, „in die Zeit, die der Spaltung in West- und Ostkirche vorausging."[158]

Wenn man sich heute mit den Methoden der Repräsentativumfrage die Vorstellungen der Deutschen über den „Westen" und westliche Länder anschaut, erkennt man, dass sich in ihnen – verständlicherweise - noch immer dieses schier unentwirrbare Geflecht aus Kulturtradition und zeithistorischen wie geopolitischen Elementen spiegelt mit all seinen Widersprüchen. So ähneln die heutigen Vorurteile vieler Deutscher gegenüber den Vereinigten Staaten auffallend stark den Vorstellungen vom Westen am Anfang des 20. Jahrhunderts. Es wird immer wieder darauf hingewiesen, es handele sich dabei um eine materialistische, einseitig auf Konsum ausgerichtete Kultur, von der man sich geradezu demonstrativ abzugrenzen sucht.[159] Gleichzeitig zeigen die Umfragen aber auch immer wieder eine besondere Verbundenheit der Deutschen mit der amerikanischen Bevölkerung, ja auffallende Ähnlichkeiten beider, die sie von anderen Völkern – auch innerhalb der westlichen Welt – unterscheiden.[160] Dieser Befund erinnert an die Tatsache, dass die amerikanische Gesellschaft stark von der deutschen Kultur geprägt worden ist. Nach Angaben des amerikanischen statistischen Bundesamtes beriefen sich im Jahr

2013 15 Prozent der amerikanischen Bevölkerung auf deutsche Vorfahren. Die Deutschen stellten so mit deutlichem Abstand vor den Iren die größte Herkunftsgruppe.[161] Mit gutem Grund sprach der frühere amerikanische Botschafter in Deutschland John Kornblum einmal von den Vereinigten Staaten als einer „anglo-germanischen Gesellschaft."[162]

Trotz dieser Verbundenheit, die sich auch darin äußert, dass im Jahr 2005 jeder fünfte Deutsche persönliche Freunde oder gar Verwandte in Amerika hatte,[163] scheint das Amerikabild der Deutschen negativer zu werden. Im Juni 2015 veröffentlichte das Pew-Research Center die Ergebnisse einer international vergleichenden Umfrage, wonach unter den Völkern der NATO-Länder nur die türkische Bevölkerung ein negativeres Bild von den Vereinigten Staaten hat als die Deutschen.[164] Auf der anderen Seite haben Umfragen des Instituts für Demoskopie Allensbach immer wieder gezeigt, dass die Bevölkerung auch in Zeiten heftiger Irritationen zwischen den beiden Ländern dem Bündnis mit den Vereinigten Staaten unverändert große Bedeutung beimisst.[165]

Welche der diversen kulturellen und zeithistorischen Schichten dominiert nun die Vorstellungen der Menschen, wenn man vom Westen spricht? Löst der Begriff positive oder negative Assoziationen aus? Was sind westliche Werte? Und sind es Werte, mit denen man sich selbst identifiziert, oder eher Normen einer als fremd empfundenen Kultur? Was glaubt man, wer gemeint ist, wenn in Zeitungskommentaren vom Westen die Rede ist, und wird dieser als positiver Akteur oder als Gefahr empfunden? Diesen Fragen ging das Institut für Demoskopie Allensbach im Mai 2015 in einer Repräsentativumfrage nach. Die Ergebnisse ließen deutlich erkennen, wie die Vorstellung vom Westen durch die Kulturtradition geprägt ist: Eine klare Mehrheit der Befragten äußerte die Überzeugung, dass es eine gemeinsame westliche Kultur gebe. Es zeigten sich vor allem bei Fragen, die das Thema Islam betrafen, Hinweise darauf, dass in den Vorstellungen der Bürger der jahrhundertealte Konflikt zwischen dem Morgen- und dem Abendland nachklingt und auch die heutige Wahrnehmung der Konflikte zwischen den westlichen Ländern und Teilen der islamischen Welt prägt.[166]

Sehr deutlich zeigte sich in der Umfrage auch die politische, staatsrechtliche Dimension des Themas. Wurde gefragt, was unter dem Begriff „westliche Werte" zu verstehen sei, nannten die Befragten noch wesentlich häufiger als kulturelle, religiöse oder soziale Aspekte politische Werte wie Demokratie, Rechtsstaatlichkeit, Meinungs-, Presse-

Abbildung 28

Was sind „westliche Werte?"

Frage: „Was sind für Sie westliche Werte, also Werte, die Sie mit der westlichen Welt verbinden?" (Listenvorlage)

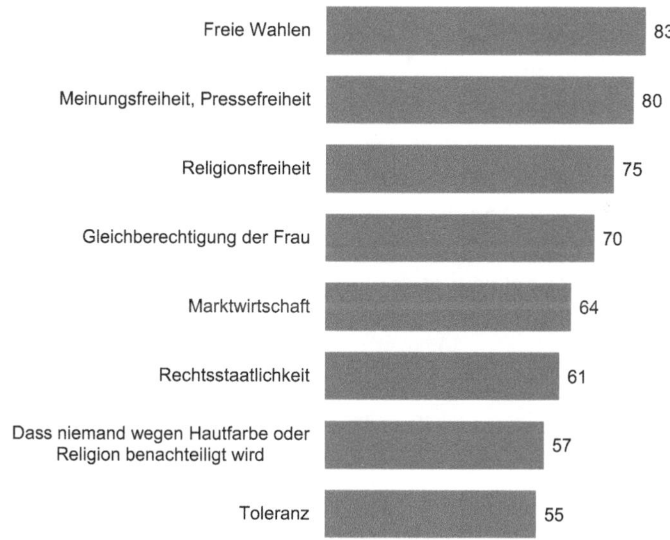

– Auszug aus den Angaben –

Quelle: Allensbacher Archiv, IfD-Umfrage Nr. 11039 (Mai 2015)

oder Religionsfreiheit. Hinzu kam ein ökonomisches Element: 64 Prozent der Befragten nannten 2015 die Marktwirtschaft als einen westlichen Wert (während sie in einer analog formulierten Frage nur 45 Prozent zu den demokratischen Werten zählten) (Abbildung 28).

Man gewinnt den Eindruck, dass der Begriff der „westlichen Werte“ durch die Kernelemente Freiheit und Demokratie geprägt ist, darüber hinaus aber auch durch spezifische kulturelle Dimensionen. Dabei wird neben dem Echo der christlichen Kulturtradition, das in den Daten schwach, aber durchaus erkennbar durchklingt, vor allem eine harte Komponente sichtbar, die sich in den Begriffen Disziplin und Marktwirtschaft spiegelt. Gerade Letztere ist, wie andere Umfragen des Instituts für Demoskopie Allensbach zeigen, für die Mehrheit der Deutschen keineswegs ein überwiegend positiv besetzter Begriff, sondern ruft eher Assoziationen der Rücksichtslosigkeit und der sozialen Kälte hervor.[167]

„Westliche Werte“, das sind für die Deutschen also Freiheit und Demokratie in einer besonderen Spielart, die Vertreter der politischen Linken vermutlich mit dem Begriff „Neoliberalismus“ versehen würden. Man könnte auch auf Max Webers Konzept der „protestantischen Ethik“[168] verweisen. Kurz: Es sind anscheinend die im Wesentlichen in den angelsächsischen Gesellschaften geprägten liberalen Werte, die den Westen von der bloßen Demokratie unterscheiden. Vielleicht ist eben dies der Grund, warum der Begriff für viele politisch Linksgerichtete wie auch für Vertreter der radikalen Rechten einen negativen Beiklang hat. Trotz der Dominanz der für die allermeisten Menschen positiven Elemente der – im Einzelnen nicht näher definierten – Freiheit und Demokratie klingt bei ihm immer auch jenes Element von Individualismus, Leistungsorientierung und Wettbewerb durch, das von Linken ebenso wie von ausgeprägt Rechten als Kennzeichen von Ungerechtigkeit und sozialer Kälte empfunden wird.

Über solche inhaltlichen Definitionen hinaus ist der „Westen“ natürlich auch ein geografischer Begriff. Doch welche konkreten geografischen Vorstellungen löst er bei den Bürgern aus? Steht das Wort „Westen“ für die Deutschen in erster Linie für eine Himmelsrichtung, oder ist es ein kultureller und politischer Begriff, der zwar aus historischen Gründen mit einer geografischen Bezeichnung versehen wurde, die aber letztlich irrelevant ist, sodass auch Länder in Asien oder Ozeanien zur „westlichen Welt“ gezählt werden können?

Dass es so etwas wie eine Gemeinschaft westlicher Länder gibt, ist für die Mehrheit der Deutschen nicht zweifelhaft. Die Idee von einem deutschen Sonderweg ist in weite Ferne gerückt (sie war allerdings auch in frühen Jahrzehnten der Bundesrepublik Deutschland niemals mehrheitsfähig). Das zeigen die Antworten auf die Frage „Würden Sie sagen, es gibt eine westliche Kultur, gemeinsame Werte

Abbildung 29

Westliche Kultur

Frage: „Würden Sie sagen, es gibt eine westliche Kultur, gemeinsame Werte und Vorstellungen, die die westlichen Länder von anderen unterscheiden, oder würden Sie das nicht sagen, sind die westlichen Länder dafür zu unterschiedlich?“

	Bevölkerung insgesamt %	West-Deutschland %	Ost-Deutschland %
Gibt gemeinsame Kultur	52	55	41
Würde das nicht sagen	30	28	39
Unentschieden, keine Angabe	18	17	20
	100	100	100

Quelle: Allensbacher Archiv, IfD-Umfrage Nr. 11039 (Mai 2015)

und Vorstellungen, die die westlichen Länder von anderen unterscheiden, oder würden Sie das nicht sagen, sind die westlichen Länder dafür zu unterschiedlich?" 52 Prozent der Befragten insgesamt antworteten im Mai 2015 darauf, ihrer Ansicht nach gebe es eine gemeinsame westliche Kultur. In Westdeutschland waren es 55 Prozent, in den neuen Bundesländern mit 41 Prozent deutlich weniger, doch auch dies ist eine – wenn auch knappe – relative Mehrheit (Abbildung 29).

Doch welche Länder gehören aus Sicht der Deutschen zu dieser westlichen Welt? Das Ergebnis der ebenfalls im Mai 2015 gestellten Frage „Was würden Sie sagen: Welche Länder sind gemeint, wenn von der ‚westlichen Welt' die Rede ist?" birgt einige Überraschungen. An der Spitze der Rangliste stand erstaunlicherweise Deutschland, genannt von 94 Prozent der Befragten, wobei auch in den neuen Bundesländern, die ja immerhin vier Jahrzehnte lang dem Warschauer Pakt angehörten, also dem ausdrücklich gegen den „Westen" gerichteten Bündnissystem, 87 Prozent der Befragten der Ansicht waren, Deutschland gehöre zum Westen (Abbildung 30). Trotz wiederkehrender und tendenziell stärker werdender antiamerikanischer Töne in der öffentlichen Diskussion herrscht in der Bevölkerung also nahezu Konsens darüber, dass Deutschland ein westliches Land ist. Da sich die moderne Umfrageforschung in Deutschland erst nach dem Zweiten Weltkrieg entwickeln konnte, liegen keine Umfrageergebnisse aus den vorangegangenen Jahrzehnten vor. Dennoch ist es nicht gewagt anzunehmen, dass sich dieses Antwortmuster erheblich von den Reaktionen unterscheidet, die man in den 1920er-Jahren oder im Kaiserreich erhalten hätte, wenn die Methode damals schon zur Verfügung gestanden hätte. Anscheinend hat die Politik der meisten Bundesregierungen seit Adenauer, Deutschland fest im Westen zu verankern, Erfolg gehabt und tiefe Spuren in der Wahrnehmung der Bürger hinterlassen. Konzepte, wonach Deutschland eine neutrale Mittelposition zwischen dem Westen und der Sowjetunion bzw. heute Russland einnehmen könnte, scheinen damit wie

Abbildung 30

Die „westliche Welt"

Frage: „Was würden Sie sagen: Welche Länder sind gemeint, wenn von der ‚westlichen Welt' die Rede ist?" (Listenvorlage)

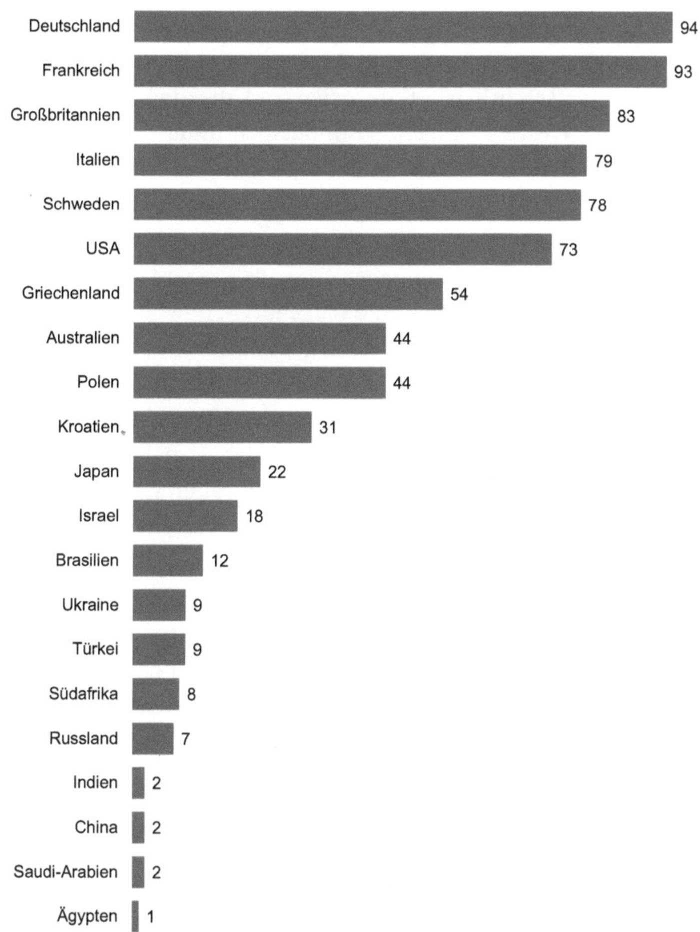

Quelle: Allensbacher Archiv, IfD-Umfrage Nr. 11039 (Mai 2015)

aus der Zeit gefallen. Sie mögen nach wie vor in der intellektuellen Debatte und in bestimmten politischen Kreisen eine gewisse Rolle spielen, doch bezogen auf die Gesamtbevölkerung sind dies Diskussionen unter kleinen Minderheiten.

Schaut man, welche anderen Länder von den Deutschen zur „westlichen Welt" gezählt werden, dann zeigt sich, dass es eher die kulturellen, zeithistorischen und geografischen, weniger die geostrategischen und staatsrechtlichen Kategorien sind, die die Vorstellung der Bürger vom „Westen" prägen. So findet sich unter den sechs Ländern, die von den Deutschen am häufigsten als dem „Westen" zugehörig bezeichnet werden, auch das traditionell neutrale Schweden. Mit 78 Prozent erhält es sogar noch einen etwas höheren Wert als die Vereinigten Staaten, von denen „nur" 73 Prozent sagen, dass sie ihrer Ansicht nach zum Westen dazugehören, obwohl das Konzept des „Westens" weder historisch noch geostrategisch ohne die Vereinigten Staaten vorstellbar ist. Dafür zählen die Deutschen die langjährigen NATO-Mitglieder Griechenland und Türkei nur zu 54 bzw. 9 Prozent zum Westen, und auch die seit den 40er-Jahren mit den Vereinigten Staaten eng verbündeten Demokratien Israel und Japan sieht nur eine kleine Minderheit als Teil des „Westens". Selbst Australien, das historisch wie kulturell Großbritannien und den Vereinigten Staaten sehr nahesteht, wird nur von einer Minderheit als westliches Land bezeichnet, ebenso Polen, immerhin ein Land, das nicht nur in der Gegenwart den westlichen Mächten politisch eng verbunden ist, sondern bereits vor dem Zweiten Weltkrieg besonders intensive Verbindungen vor allem zu Frankreich und Großbritannien gepflegt hatte.

So sehr also Freiheit und Demokratie die Assoziationen der Deutschen prägen, wenn man ihnen das Stichwort vom „Westen" präsentiert, so wenig sind diese Merkmale entscheidend, wenn es darum geht, das Spezifische an den westlichen Ländern zu beschreiben. Demokratien werden ebenso wenig dazugezählt, wenn sie nicht auf westeuropäischem oder nordamerikanischem Boden liegen, wie langjährige Bündnispartner. Letztlich scheint die geografische Komponente für die Bürger die entscheidende zu sein: Der Westen, das sind für die meisten die Vereinigten Staaten, vermutlich Kanada (was man allerdings nicht nachweisen kann, weil dies in der Frage nicht zur Auswahl gestellt wurde) und die westeuropäischen Staaten, die sich im Kalten Krieg westlich des „Eisernen Vorhangs" befanden. Daran hat die politische Wende in Ostmitteleuropa vor rund 25 Jahren anscheinend nichts Wesentliches ändern können. Wie ein Bild, das man lange angeschaut hat, auf der Netzhaut nachleuchtet, sodass man es auch mit geschlossenen Augen noch zu sehen meint, hat die über lange Zeit in der zweiten Hälfte des 20. Jahrhunderts erlernte Vorstellung vom Westen alle politischen Umwälzungen, die sich seitdem ergeben haben, überdauert. Etwas zugespitzt könnte man sagen, aus Sicht der Bürger gibt es im Westen nichts Neues.

Aus der Perspektive des Zeithistorikers betrachtet lässt sich aber durchaus etwas Neues beobachten: Es kann kein Zweifel daran bestehen, dass sich die Deutschen dem „Westen", was auch immer sie im Einzelnen darunter verstehen, mit großer Mehrheit zugehörig fühlen. Das zeigt sich auch, wenn man sich den alltäglichen Aspekten des Themas zuwendet, dem „westlichen Lebensstil". Die Terroranschläge der letzten Jahre und die Ankunft einer sehr großen Zahl von Flüchtlingen vorwiegend aus islamischen Ländern in Deutschland haben zu einer intensiven Diskussion um die Bedeutung „westlicher Werte" und des „westlichen Lebensstils" geführt, wobei die Deutung beider Begriffe nicht einheitlich ist und ihre Bewertung ebenso wenig. So vertrat etwa im Dezember 2015 der Schriftsteller Rolf Schneider im Deutschlandradio Kultur die Ansicht, „westliche Werte" seien nur Worthülsen. Werte könnten sich ändern, seien nicht genau zu definieren. „Was immer unter westlichen Werten zu subsumieren ist", so Schneider, „von der Individualität bis zum Pluralismus, von der Solidarität bis zum Hedonismus, von der Toleranz über die religiöse Vielfalt bis hin zum Laizismus, es handelt sich entweder um Gewohnheiten oder um Rechte und Regeln oder um gesellschaftliche Ideale. Insgesamt meint es den westlichen Lebensstil. Ihn zu verteidigen haben wir guten Grund und alles Recht." Der Begriff „Werte" erweise sich dagegen bei näherem Hinsehen als pompös und „der Sache nicht dienlich", er sei besser zu meiden.

Man muss sich der etwas spitzfindigen Unterscheidung Schneiders zwischen Werten, Rechten, Gewohnheiten und Lebensstil nicht anschließen, um zu erkennen, dass er in seinem kurzen Radiokommentar gleich eine ganze Reihe von Stichworten liefert, die mit den Begriffen „westliche Kultur" oder „westlicher Lebensstil" gemeinhin verbunden werden (wenn auch meist nicht mit der gleichen prägnanten Kürze): Individualität, Pluralismus, Hedonismus, Toleranz, Trennung von Staat und Religion. Auch in aufwendigeren wissenschaftlichen Definitionsversuchen finden sich diese Elemente wieder. Der Publizist und Erziehungswissenschaftler Horst Opaschowski zitiert den amerikanischen Soziologen Daniel Bell mit der These, die westliche Kultur sei einer inneren Spannung ausgesetzt, weil sie in Wirtschaft, Politik und Kultur unterschiedliche Strömungen in sich vereine, zwischen denen es zu Widersprüchen komme. Die Wirtschaft werde zunehmend vom „Effizienzprinzip" beherrscht, die Politik vom „Gleichheitsprinzip" (verstanden als Gleichheit vor dem Gesetz, Gleichheit der bürgerlichen Rechte und Chancen) und die Kultur vom „Selbstverwirklichungsprinzip." Gegenüber der Aufzählung von Rolf Schneider kommt hier mit dem „Effizienzprinzip" der Wirtschaft eine zusätzliche Dimension hinzu, wobei der Text durchblicken lässt, dass dem Autor das letztlich auf marxistische Vorstellungen zurückgehende Bild von einer freien Wirtschaft vor Augen steht, die auf Ausbeutung beruhe und von sozialer Kälte gekennzeichnet sei. Doch im „Gleichheitsprinzip" und im „Selbstverwirklichungsprinzip" finden sich die genannten Elemente Individualität, Pluralismus, Toleranz und Hedonismus in zusammengefasster Form wieder.

Bemerkenswert ist, dass die öffentliche Diskussion um den westlichen Lebensstil spätestens seit den Terroranschlägen in Paris und

Brüssel in den Jahren 2015 und 2016 von der Vorstellung geprägt zu sein scheint, dieser Lebensstil sei etwas, das es zu verteidigen gilt. Mehr noch: Man kann den Eindruck bekommen, dass das Bewahren eines „westlichen Lebensstils" unter dem Eindruck der Terrordrohung zu einer politischen Tat wird. So schrieb die Berliner „tageszeitung" nach den Anschlägen in Brüssel vom 22. März 2016, es sei schwer, aber notwendig, „Gelassenheit im Angesicht des Terrors zu zeigen", denn die Attentäter hätten sonst ihr Ziel, die Grundlagen der Freiheit zu zerstören, erreicht. Bundeskanzlerin Merkel sagte in ihrer Reaktion auf die Anschläge: „Wir wissen, dass unser freies Leben stärker ist als jeder Terror." Und als am Tag vor der Eröffnung der Fußball-Europameisterschaften am 9. Juni 2016 in Paris unter dem Eifelturm 90.000 Menschen trotz Terrorgefahr und Ausnahmezustand friedlich und fröhlich feierten, wurde dies am nächsten Morgen in der Berichterstattung und von den Honoratioren des Landes gefeiert, als habe das Land eine Schlacht gewonnen. Die Pariser Bürgermeisterin Anne Hidalgo sagte: „Wir geben unser gewohntes Leben nicht auf, wir hören nicht auf zu feiern – und ich glaube, das war gestern auch ein schöner Beweis dessen, was wir können." Fröhliches Feiern als Akt des heldenhaften Widerstandes – ob die Opfer eines Terroranschlages eine solche Haltung wohl verstehen würden?

Dass der „westliche Lebensstil" als etwas zu gelten scheint, das der Verteidigung wert ist, ist insofern bemerkenswert, als es auch eine ganz andere Traditionslinie der Darstellung der westlichen Kultur gibt. Denn jenseits der Zeiten einer erhöhten Terrorgefahr dominiert oft eine andere Vorstellung die öffentliche Diskussion: die Vorstellung vom „westlichen Lebensstil" als moralisch verwerflicher Lebensform. Wer die Berichterstattung zu diesem Thema verfolgt, gewinnt leicht den Eindruck, dass es kaum ein Übel auf diesem Planeten gibt, das man nicht dem „westlichen Lebensstil" zuschreiben kann. Dabei scheinen vier Erzählungen im Vordergrund zu stehen: die Erzählung von der Zerstörung der Lebensgrundlagen der Menschheit, die Erzählung von der Ausbeutung der Dritten Welt, die Erzählung von der Zerstörung der Gesundheit der Menschen und die Erzählung von oberflächlichem Materialismus, kulturellem Niedergang und Dekadenz, wobei die beiden letztgenannten oft gemeinsam aufzutauchen scheinen und gerne mit mehr oder weniger ausgeprägten antiamerikanischen Untertöten unterfüttert werden.

Diese vier Erzählungen finden sich sowohl in der Tagepresse als auch in der Sachliteratur in vielfacher Variation. Sie sind anscheinend so überzeugend, dass sie auch dann nur selten infrage gestellt werden, wenn die Datengrundlage, auf der mit ihr verbundene Behauptungen beruhen, als Beleg ungeeignet sind. So nennt beispielsweise Horst Opaschowski als (negatives) Kennzeichen der „westlichen Wertekultur“, dass im Jahr 1999 vom BAT – Freizeitforschungsinstitut befragte Jugendliche auf die Frage, was sie am meisten fasziniere, Konsummarken wie Coca-Cola, McDonald's oder Nike wesentlich häufiger nannten als Amnesty International, den Nobelpreis oder die NATO.Er verliert dabei kein Wort darüber, dass die Wahrnehmung und Einordnung der Konsummarken mit an Sicherheit grenzender Wahrscheinlichkeit auf einer ganz anderen logischen und emotionalen Ebene stattfinden dürften als die der gesellschaftlichen Institutionen. Es ist jedenfalls kaum anzunehmen, dass die Jugendlichen auf die Frage, welche Dinge denn allgemein besonders wichtig seien, Coca-Cola häufiger genannt hätten als die NATO.

In demselben Artikel findet sich auch ein ganzer Abschnitt, der der Erzählung von der Ausbeutung der Dritten Welt durch den westlichen Lebensstil gewidmet ist und in dem die These, wonach die „globale Verwestlichung“ zu einer wachsenden Kluft zwischen Arm und Reich in der Welt führe, gar nicht infrage gestellt, sondern im Gegenteil praktisch als selbstverständlich vorausgesetzt wird. Dabei deuten alle Indikatoren in die Gegenrichtung. Nach den Erkenntnissen der Vereinten Nationen ist in der Zeit von 1990 bis 2015 der Anteil der Menschen in den Entwicklungsländern, die in extremer Armut leben, von 47 auf 14 Prozent zurückgegangen. Weltweit lebten vor einem Vierteljahrhundert 1,9 Milliarden Menschen in extremer Armut, 2015 noch 836 Millionen,und dies, obwohl die Weltbevölkerung in der gleichen Zeit von rund fünf auf über sieben Milliarden Menschen angestiegen ist. Besonders stark ist dabei der Rückgang der Armut in den Ländern, die sich in den vergangenen Jahrzehnten den westlichen Märkten geöffnet haben. In China ist die Quote absoluter Armut von 60 auf 12 Prozent zurückgegangen, in ganz Südostasien von 65 auf 40 Prozent. Wenn man also die These von einer „globalen Verwestlichung" akzeptiert, dann kann eigentlich kein Zweifel daran bestehen, dass sie mit einem beispiellosen Wachstum des Wohlstands einhergeht. Doch offensichtlich ist das Klischee, wonach eine freie Wirtschaft Ausbeutung bedeute, stärker als die Fakten.

Verbreitet ist auch die Erzählung, wonach der „westliche Lebensstil" krank mache, oft verknüpft mit Vorwürfen der Dekadenz. Der Fokus der Betrachtung liegt dabei häufig auf Fragen der Ernährung. Auch hier werden als vermeintlicher Beleg für die These nicht selten Informationen herangezogen, die bei näherer Betrachtung eigentlich eine neutrale oder sogar positive Deutung nahelegen. So berichtete die Tageszeitung „Die Welt" am 18. April 2015 von einer Untersuchung einer australisch-kanadischen Forschergruppe, die in internationalen Vergleichen herausgefunden hatte, dass die Menschen in Nordamerika und Westeuropa eine weniger vielfältige Darmflora haben als die Bewohner Neuguineas und des Amazonastieflandes. Sie führten den Unterschied auf die größere Hygiene in den westlichen Gesellschaften zurück. Die Überschrift des Artikels lautete: „Westlicher Lebensstil reduziert Vielfalt im Darm." Was die „Welt" noch ohne ausgeprägte Wertung berichtete, wurde in den Internetseiten diverser Interessengruppen zur Horrormeldung. So lautete die Schlagzeile zu derselben Nachricht auf der Internetseite „Heilpraxisnet.de": „Verarmte Darmflora. Westliche Lebensweise sorgt für Krankheiten". Und im Untertitel: „Wie uns westlicher Lebensstil krank macht".Der Gedanke, dass eine reduzierte Vielfalt in der Darmflora nicht notwendigerweise ein Zeichen für Krankheit sein muss, kommt anscheinend gar nicht auf. Dass sie möglicherweise sogar die Folge einer vergleichsweise gesunden Lebensweise sein könnte (immerhin liegt die Lebenserwartung in Nordamerika und Westeuropa deutlich über der in Brasilien und Neuguinea), schon gar nicht. Wie vielfältig wohl die Darmflora der Menschen in Zeiten der Cholera war?

In Meldungen dieser Art scheinen die Motive der Ablehnung einer freien Wirtschaft und des Antiamerikanismus sowie ein gewisser Puritanismus eine Allianz einzugehen: Eine freie Wirtschaft führt dazu, dass die Menschen reicher werden, sich bessere Lebensmittel leisten können, länger leben und das Leben im „westlichen Stil" genießen, einschließlich des Konsums amerikanischer Markenprodukte. Da mag für denjenigen, der eine freie Wirtschaft aus weltanschaulichen Gründen ablehnt, die Vorstellung etwas tröstlich sein, dass der „westliche Lebensstil" dann doch wenigstens unmoralisch sei, krank mache oder die Natur zerstöre.

Man erkennt an diesen Beispielen, wie vielfältig, ja widersprüchlich die Vorstellungen sein können, die mit den Stichworten der „westlichen Kultur" und dem „westlichen Lebensstil" verbunden sind. Deutlich wird ebenfalls, dass auch dort, wo so alltägliche Dinge wie die Ernährungsgewohnheiten angesprochen werden, gleichzeitig sehr grundlegende moralische und weltanschauliche Kategorien betroffen sind. Welche Vorstellungen vom „westlichen Lebensstil" überwiegen nun bei der Bevölkerung? Dominiert das positive Bild der freien individuellen Lebensgestaltung und des Respekts gegenüber der abweichenden Lebensgestaltung anderer? Oder hat der Gedanke an eine dekadente, selbstsüchtige und rücksichtslose Konsumgesellschaft das Übergewicht? Eine Allensbacher Umfrage vom April 2016 zeigte, dass die Bürger mit dem Begriff des „westlichen Lebensstils" zwar durchaus etwas anfangen können, er aber anscheinend doch zu akademisch, zu theoretisch oder aber zu komplex ist, als dass die meisten Menschen ihm einen klaren, spezifischen Inhalt zuordnen könnten. Auf die Frage „Würden Sie sagen, es gibt eine gemeinsame westliche Kultur, also einen westlichen Lebensstil, der sich von anderen Kulturen unterscheidet, oder würden Sie das nicht sagen?" antwortete eine klare Mehrheit von 64 Prozent der Befragten, es gebe so einen westlichen Lebensstil, und nur 16 Prozent widersprachen. In den alten Bundesländern betrug das Verhältnis 66 zu 15 Prozent, in Ostdeutschland 56 zu 22 Prozent.

Diejenigen, die sagten, es gebe ihrer Ansicht nach einen westlichen Lebensstil, wurden gebeten, zu beschreiben, was diesen westlichen Lebensstil denn ausmache. Bei dieser Frage handelte es sich um eine sogenannte „offene Frage", was bedeutet, dass, anders als meistens in der Umfrageforschung, keine Antwortmöglichkeiten zur Auswahl vorgegeben wurden. Die Befragten wurden gebeten, ihre Antwort mit eigenen Worten zu formulieren. Erst bei der Auswertung wurden diese Antworten gesichtet und zu Kategorien zusammengefasst. Wie Abbildung 31 zeigt, blieben die meisten Befragten bei dieser Frage eher unspezifisch. Vor allem aber unterschieden sie sich nicht allzu sehr von der bereits oben beschriebenen Frage aus dem Jahr 2015, bei der die spontanen Assoziationen zum Stichwort „westliche Werte" ermittelt worden waren (sieht man einmal von der insgesamt geringeren Zahl der Antworten ab, die für „offene Fragen" typisch ist). Dort hatten Antworten dominiert, die darauf hinwiesen, dass die Befragten bei dem Stichwort an staatsrechtliche Kategorien dachten: Demokratie, die Freiheitsrechte, Rechtsstaatlichkeit. Erst dann, mit großem Abstand zu den meistgenannten Punkten, folgten Aussagen zu kulturellen oder religiösen Werten oder zum Wirtschaftssystem.

Wiesen also die Vorstellungen vom „westlichen Lebensstil" so ziemlich die gleiche Struktur auf wie die von den „westlichen Werten", gab es doch eine charakteristische Abweichung: Auffallend viele Befragte gaben Antworten, in denen das Wort „Gleichberechtigung" vorkam. Oft war erkennbar, dass damit die Gleichberechtigung von Männern und Frauen gemeint war, gelegentlich aber auch das gleiche Recht für ethnische oder sexuelle Minderheiten. Dieser Punkt stach noch wesentlich deutlicher hervor als bei der Frage nach den

Abbildung 31

Was kennzeichnet den westlichen Lebensstil?

Frage an alle, die sagen, es gebe einen westlichen Lebensstil: „Was macht diesen westlichen Lebensstil aus? Was fällt Ihnen da alles ein?" (Offene Frage, keine Antwortvorgaben)

– *Auszug aus den Angaben: Die am häufigsten genannten Punkte in Prozent* –

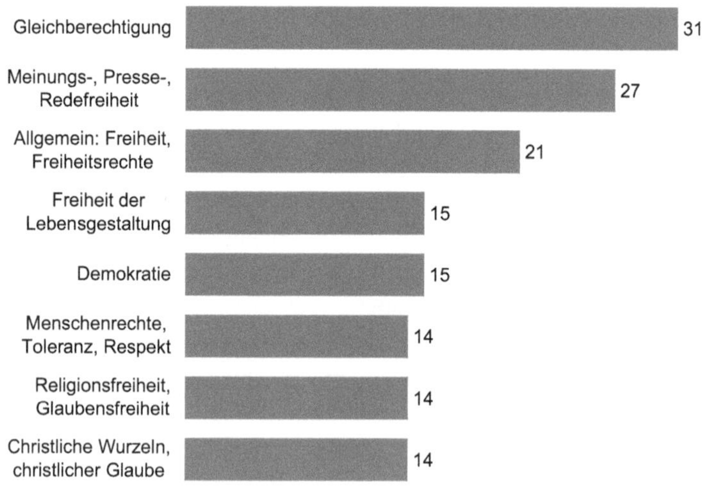

Quelle: Allensbacher Archiv, IfD-Umfrage Nr. 11055

westlichen Werten. Da auch Verweise auf die Freiheit der individuellen Lebensgestaltung sowie auf Toleranz und Respekt zu den häufiger genannten Antworten gehören, kann man annehmen, dass hier aus Sicht der Bevölkerung der entscheidende Unterschied zwischen dem westlichen und einem nicht westlichen Lebensstil liegt. Anders ausgedrückt: Der „westliche Lebensstil" zeichnet sich aus Sicht der Befragten gerade nicht dadurch aus, dass er eine bestimmte, konkrete Art zu leben bedeutet, sondern dass er ganz verschiedene Lebensentwürfe gleichberechtigt akzeptiert.

Auffällig ist darüber hinaus, dass die Bevölkerung mit dem Stichwort „westlicher Lebensstil" praktisch keine negativen Aspekte assoziiert. Lediglich 4 Prozent der Befragten sagten, für sie bedeute „westlicher Lebensstil" Ausbeutung, Umweltverschmutzung, Verschwendung oder Ähnliches. Die oben ausführlich erwähnten in der Medienberichterstattung aufzufindenden Erzählungen vom „westlichen Lebensstil" als Quelle von Unheil dürften noch mehr Menschen im Hinterkopf haben, doch offensichtlich dominieren sie nicht die Vorstellungen. Man kann darüber spekulieren, inwieweit dieses Antwortmuster durch die vor dem Umfragezeitpunkt im April 2016 sehr intensiv geführte öffentliche Diskussion um den islamischen Terrorismus und die Aufrufe, angesichts dieser Bedrohung den „westlichen Lebensstil" zu verteidigen, befördert wurde. Doch dieser Effekt dürfte nicht so groß gewesen sein, dass er das nahezu gänzliche Ausbleiben negativer Antworten allein erklären könnte. Eher weisen die Antworten darauf hin, dass die kulturpessimistischen Vorstellungen vom Westen zwar möglicherweise unter Intellektuellen, aber kaum bei der breiten Bevölkerung verbreitet sind, zumindest deren Vorstellungen nicht dominieren.

Welchen Aspekt man also auch immer betrachtet: In Bezug auf die Frage, welcher politischen und kulturellen Sphäre Deutschland angehört, gibt es für eine überwältigende Mehrheit der Deutschen – auch in Ostdeutschland – keinen Zweifel. Auch in dieser Hinsicht ist Deutschland kein „ruheloses Reich" mehr, auch wenn Propagandisten populistischer Parteien und die vor allem in Internetforen sehr aktiven Verfechter einer Annäherung an das Regime in Russland versuchen, den gegenteiligen Eindruck zu vermitteln. Das Hin- und Herschwanken zwischen West und Ost ist ein Element der deutschen Geschichte und ein nicht selten anzutreffendes Phänomen unter Intellektuellen und den Vertretern radikaler politischer Minderheiten. Doch für die breite Mehrheit der Menschen in der Gegenwart ist die Sache klar: Deutschland gehört zum Westen.

7. Die Zauberkraft der Freiheit

Als der französische Publizist und Pionier der Politikwissenschaft Alexis de Tocqueville im Jahr 1831 die Vereinigten Staaten von Amerika bereiste, stieß er auf einen merkwürdigen gesellschaftlichen Widerspruch. Obwohl er sich in dem Land mit der freiheitlichsten Gesellschaftsordnung seiner Zeit befand, bemerkte er immer wieder Zeichen persönlicher Unfreiheit, die ihm aus Europa unbekannt waren. Bei demokratischen Völkern, schrieb er, erscheine „die öffentliche Gunst ebenso nötig wie die Luft, die man atmet, und mit der Masse nicht ein Einklang zu sein, heißt sozusagen nicht leben. Diese braucht nicht die Gesetze anzuwenden, um die Andersdenkenden unterzukriegen. Die Missbilligung genügt. Das Gefühl ihrer Vereinsamung und ihrer Ohnmacht übermannt sie alsbald und raubt ihnen jede Hoffnung."Und an anderer Stelle kommt er zu dem bemerkenswerten Befund: „Ich kenne kein Land, in dem im Allgemeinen weniger geistige Unabhängigkeit und weniger wahre Freiheit herrscht als in Amerika."

Amerika ein Land der Unfreiheit? Was auf den ersten Blick überraschend erscheinen mag, lässt sich durchaus nachvollziehen. Man fragt sich zwar ein wenig, was Tocqueville wohl unter „wahrer Freiheit" verstanden haben mag, doch auch nach ihm haben immer wieder Reisende auf eine erstaunliche Konformität der Sitten und Normen in der amerikanischen Gesellschaft hingewiesen, die übrigens von Amerikanern selbst oft nicht bemerkt, gelegentlich sogar vehement bestritten wird.

Es scheint, als würde die Abwesenheit staatlichen Zwangs unbewusst durch ein umso strikteres Regelwerk ungeschriebener Gesetze und eine besonders scharfe soziale Kontrolle kompensiert, die jeden, der gegen das von der Gesellschaft selbst aufgestellte Regelwerk verstößt, mit scharfen gesellschaftlichen Sanktionen bedroht.

Was hat das mit dem Thema dieses Buches zu tun? Nun, seine Hauptthese ist, dass die inzwischen mehr als 70 Jahre Freiheit, in denen zumindest der größte Teil der Deutschen inzwischen leben durfte, wesentlich zur Stabilisierung der Gesellschaft beigetragen haben. Dazu gehört auch, dass politische Freiheit nicht, wie oft angenommen wird, dazu führt, dass eine Gesellschaft auseinanderdriftet, sondern dass stattdessen in ihr die Kräfte des inneren Zusammenhalts wachsen. Wäre es tatsächlich so, dass sich politische Freiheit und soziale Kontrolle gleichsam wie kommunizierende Röhren verhalten, wäre das von großer Bedeutung für das Verständnis der gesellschaftlichen Funktion von Freiheit. Es hieße nämlich, dass die in vielen öffentlichen Diskussionen mehr oder weniger implizit zugrunde gelegte Annahme, ein striktes Regelwerk von Gesetzen, Verordnungen und Verboten sei allein schon deswegen notwendig, weil sonst der Zusammenhalt der Gesellschaft auf dem Spiel stehe, falsch wäre.

Eine demoskopische Frage, die in diesem Zusammenhang von Interesse ist, stammt aus der bereits im ersten Kapitel erwähnten „Internationalen Wertestudie“. Bis heute unter dem Namen „World Values Study“ regelmäßig fortgeschrieben, ist sie eine der wichtigsten Datenquellen für die international vergleichende Sozialforschung besonders zu Fragen der religiösen und Familienwerte, aber auch zu anderen Normen und Sitten. Bei der hier betrachteten Frage werden den Befragten zwei Meinungen zur Auswahl schriftlich vorgelegt. Die eine lautet: „Es gibt völlig klare Maßstäbe, was gut und böse ist. Die gelten immer, für jeden Menschen, egal unter welchen Umständen.“ Die Gegenposition lautet: „Es kann nie völlig klare Maßstäbe über Gut und Böse geben. Was gut und böse ist, hängt immer allein von den gegebenen Umständen ab.“ Die beiden Meinungen sind also sehr pointiert formuliert, obwohl dieses schwierige Thema doch eigentlich zu abwägenden Überlegungen geradezu einlädt. Dennoch weichen bemerkenswert wenige Befragte auf die Antwortkategorien „Stimme beiden nicht zu" oder „Unentschieden" aus. Offensichtlich trennt diese Frage zwei Grundüberzeugungen voneinander, von denen die meisten entweder vollauf überzeugt sind oder gar nicht.

Bereits in der ersten Befragungswelle der „Internationalen Wertestudie" im Jahr 1982 zeigte sich, dass die Völker der verschiedenen beteiligten Länder sehr unterschiedlich auf diese Frage antworteten. Während in Westeuropa nur etwa ein Viertel der Bevölkerung die rigorose Ansicht vertrat, die Maßstäbe für Gut und Böse seien universell und jederzeit gültig, neigten Amerikaner stärker zu dieser Position. Bei einer Wiederholung der Studie im Jahr 1990 hatte sich der Unterschied noch verstärkt: Während in Westdeutschland nur 26 Prozent der Befragten dieser Meinung waren, waren es in den Vereinigten Staaten 50 Prozent.

Inzwischen hat auch in Deutschland der Anteil derjenigen zugenommen, die sagen, es gebe universelle Maßstäbe für Gut und Böse. Im Spätsommer 2012 waren es 34 Prozent. Doch wichtiger als diese Veränderung im Zeitverlauf ist die Frage, ob die Meinung zur Universalität oder Relativität von moralischen Maßstäben mit dem subjektiven Freiheitsgefühl der Menschen verknüpft ist. Die Auswertungen der Daten aus dem Jahr 2015 lassen einen solchen Zusammenhang vermuten, wenn auch einen schwachen. Abbildung 32 zeigt den Anteil derer, die sagen, es gebe „völlig klare Maßstäbe, was gut und was böse ist", getrennt danach, ob die Befragten bei einer anderen Frage gesagt haben, dass sie sich in ihrem Leben frei oder sehr frei fühlen oder nicht. Auf den ersten Blick unterscheiden sich die beiden Befragtengruppen nur wenig, doch der Unterschied von fünf Prozentpunkten ist, wie es in der Fachsprache heißt, auf dem 95-Prozent-Niveau statistisch signifikant. Das heißt, er ist immerhin so groß, dass man mit 95prozentiger Wahrscheinlichkeit annehmen kann, dass er nicht allein durch die bei Repräsentativumfragen unvermeidlichen Zufallsschwankungen der Ergebnisse zu erklären ist. Ähnliche Auswertungen auf der Basis der Daten einer an die World Values Study angelehnten international vergleichenden Befragung aus dem Jahr 2001 kamen für Frankreich und Großbritannien zu ähnlichen Ergebnissen (siehe ebenfalls Abbildung 32).

Abbildung 32

Freiheitsgefühl und die Festigkeit moralischer Überzeugungen

Frage: „Hier stehen zwei Meinungen, die man hören kann, wenn sich Menschen über Gut und Böse unterhalten. Welche davon kommt Ihrem eigenen Standpunkt am nächsten, die erste oder die zweite?" (Listenvorlage)

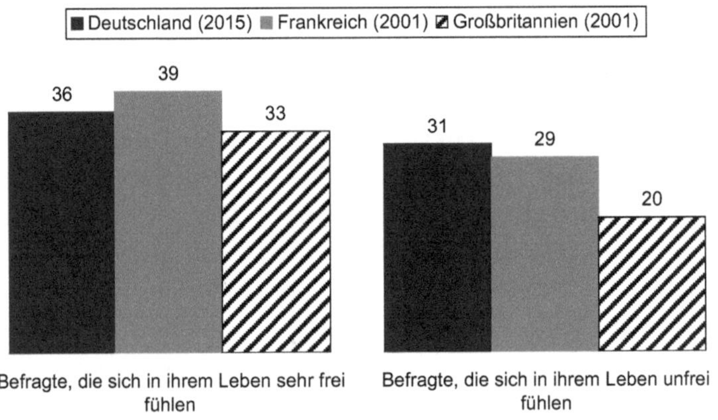

Quelle: Allensbacher Archiv, IfD-Umfragen Nr. 4228, 11039

Auch die Antworten auf eine Frage aus dem Jahr 2012 deuten darauf hin, dass das Freiheitsgefühl und eine eher überdurchschnittliche Neigung zur Rigorosität in moralischen Fragen miteinander verbunden sein könnten. Sie war in einer Umfrage enthalten, die ebenfalls die Frage nach „Gut" und „Böse" enthielt und bei der die Befragten aufgefordert wurden, aus einer größeren Zahl von Persönlichkeitseigenschaften diejenigen auszuwählen, von denen sie der Ansicht waren, dass sie auf sie selbst zutreffen. Dabei zeigte sich, dass

Personen, die sich in ihrem Leben frei fühlten, häufiger als andere von sich sagten, sie seien „für die strenge Durchsetzung aller Gesetze, egal, welche Folgen das hat“ (Abbildung 33).

Abbildung 33

Freiheitsgefühl und der Ruf nach Konsequenz

Frage: „Hier sind verschiedene Eigenschaften. Könnten Sie die bitte einmal durchsehen und mir die Punkte nennen, wo Sie sagen würden: ‚Das passt auf mich, das trifft auf mich zu'?" (Vorlage eines Kartenspiels)

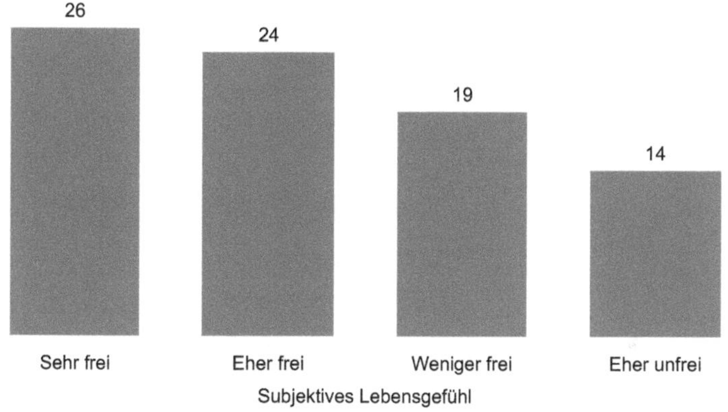

Quelle: Allensbacher Archiv, IfD-Umfrage Nr. 10097, September 2012

Für das Verständnis des Zusammenhangs zwischen Freiheit und gesellschaftlichem Integrationsdruck ist eine Frage besonders aufschlussreich, die ebenfalls zum ersten Mal in der „Internationalen Wertestudie“ von 1982 zur Anwendung kam: Die sogenannte Permissivitätsskala. Hierbei lesen die Interviewer nach und nach verschiedene Verhaltensweisen vor, die man als Verstoß gegen gesellschaftliche Konventionen deuten kann. Beispiele sind „Müll, Abfälle irgendwo im Freien abladen“, „Ausländer beleidigen“ oder „Seinen

Reichtum zur Schau stellen". Die Befragten werden gebeten, bei jedem dieser Punkte auf einer Skala von 1 bis 10 anzugeben, ob und wenn ja wie sehr sie das betreffende Verhalten missbilligen. 1 bedeutet: So darf man sich auf keinen Fall verhalten, und 10: Dieses Verhalten ist in jedem Fall in Ordnung. Abbildung 34 zeigt den Anteil derjenigen, die 2012 bei den zur Auswahl gestellten Aussagen den Skalenpunkt 1

Abbildung 34

Permissivität

Frage: „Könnten Sie mir bitte für jeden der folgenden Punkte sagen, ob Sie das für in Ordnung halten, oder unter keinen Umständen, oder irgendwo dazwischen? Gehen Sie bitte nach diesem Bildblatt vor: 1 würde bedeuten, das darf man unter keinen Umständen tun; 10 würde bedeuten, das ist auf jeden Fall in Ordnung."

Antwort: „Das darf man auf keinen Fall tun."

Quelle: Allensbacher Archiv, IfD-Umfrage Nr. 10097, September 2012

ausgewählt haben, die also der Ansicht waren, so dürfe man sich auf keinen Fall verhalten.

Auch bei dieser Frage zeigt sich, dass Menschen, die sich in ihrem Leben frei fühlen, im Durchschnitt etwas häufiger als andere zu den vorgelesenen Punkten sagen, so etwas dürfe man auf keinen Fall tun, doch die Abstände sind gering. Vor allem aber bleibt unklar, ob das subjektive Freiheitsgefühl tatsächlich Einfluss auf den Grad der Permissivität, also der Toleranz gegenüber Normabweichungen nimmt oder ob eine sogenannte Scheinkorrelation vorliegt, also ein zwar statistisch vorhandener Zusammenhang, der aber nicht inhaltlich im Sinne von Ursache und Wirkung zu interpretieren ist, sondern dadurch zustande kommt, dass die miteinander zusammenhängenden Variablen von einer dritten Variablen im Hintergrund beeinflusst werden. Ein Beispiel: Die Umfragen zeigen bei älteren Menschen eine unterdurchschnittliche Toleranz gegenüber Normabweichungen. Das Gleiche gilt auch für Menschen, die häufig die Kirche besuchen, die also stark religiös orientiert sind. Nun hängen aber diese beiden Dinge wiederum miteinander zusammen: Ältere Menschen sind häufiger religiös als jüngere. Damit stellt sich die Frage, welche der beiden Variablen, Alter oder Kirchennähe, die entscheidende ist: Sind ältere Menschen vielleicht nur deswegen weniger tolerant gegenüber Normabweichungen, weil sie religiöser sind als andere? Oder sind umgekehrt religiöse Menschen nur deswegen weniger tolerant, weil es sich überproportional häufig um ältere Personen handelt? Oder sind beide Faktoren unabhängig voneinander mit der Permissivität verbunden?

Um diese Fragen beantworten zu können, bedarf es einer Regressionsanalyse. Mit diesem mathematisch-statistischen Analyseverfahren wird errechnet, welchen Einfluss beispielsweise das Alter der Befragten auf ihre Toleranz gegenüber Verstößen gegen gesellschaftliche Normen hat – unabhängig von der religiösen Orientierung, der Bildung, dem Geschlecht, aber auch der Freiheitsorientierung und anderen Variablen.

Abbildung 35 zeigt das Ergebnis einer solchen Regressionsanalyse. Die sogenannte abhängige Variable, also die Eigenschaft, bei der untersucht wurde, welche Faktoren auf sie einwirken, ist die Permissivität der Befragten, gemessen mit der bereits eben beschriebenen Frage. Dabei wurden die Antworten der Befragten auf alle zwölf von den Interviewern vorgelesenen Verhaltensweisen zu einem Durchschnittswert zusammengeführt. Es wurde also für jeden Befragten der Mittelwert aus den zwölf Skalenwerten gebildet, die er mit seinen Antworten produziert hatte. Die Grafik zeigt die in die Analyse eingegangenen „unabhängigen Variablen", also die Befragteneigenschaften und aussagen, deren Einfluss auf die Permissivität untersucht wurde. In der Grafik sind Beta-Werte ausgewiesen. Sie sind das wichtigste Ergebnis der Berechnung und bezeichnen den Grad, in dem die betreffende unabhängige Variable das Antwortverhalten der Befragten bei der abhängigen Variablen beeinflusst. Einige der Beta-Werte sind mit Sternchen gekennzeichnet. Sie zeigen an, ob der betreffende Wert statistisch signifikant ist. Drei Sterne bedeuten, dass man mit 99prozentiger Wahrscheinlichkeit annehmen kann, dass die betreffende unabhängige Variable einen Einfluss auf die abhängige Variable hat, bei zwei Sternen liegt die Wahrscheinlichkeit bei mindestens 95 Prozent. Bei allen anderen Ergebnissen liegt die Wahrscheinlichkeit, dass es sich um einen tatsächlichen inhaltlichen Zusammenhang zwischen den beiden Variablen handelt, bei weniger als 90 Prozent. Unter diesen Bedingungen bezeichnet man das Ergebnis als „nicht signifikant", das heißt, die Wahrscheinlichkeit, dass das Ergebnis allein auf den Zufall zurückgeführt werden kann, ist so groß (und das Ergebnis in aller Regel gleichzeitig so unbedeutend), dass man es nicht inhaltlich interpretiert.

Abbildung 35 zeigt nun, dass einige Faktoren, von denen man zunächst annehmen konnte, dass sie von Bedeutung seien, keine eigene Erklärungskraft für das Maß der Permissivität besitzen. Darunter fällt auch das subjektive Freiheitsgefühl. Fünf der in die Analyse eingegangenen zehn Variablen erweisen sich aber als signifikant, haben also auch unter Berücksichtigung der Wechselwirkungen mit anderen Einflussfaktoren einen Einfluss auf das Maß, in dem jemand Normverstöße toleriert. Die beiden stärksten erklärenden Variablen sind dabei die Häufigkeit des Kirchenbesuchs und das Alter – beide behalten also auch nach Berücksichtigung der jeweils anderen sowie weiterer möglicher Einflussgrößen eine erhebliche Bedeutung. Darüber hinaus sind Westdeutsche deutlich toleranter gegenüber Normverstößen als Ostdeutsche – vermutlich eine Folge des Umstandes, dass der in Westdeutschland sehr ausgeprägte gesellschaftliche Wertewandel der 60er, 70er- und 80er-Jahre die damalige DDR kaum berührte und auch in den Jahren nach der Wiedervereinigung – zumindest bisher – nur teilweise nachgeholt wurde. Schließlich bleibt auch die Orientierung am Wert der Freiheit, gemessen mit der anfangs beschriebenen Dialogfrage zum Vorrang von Freiheit oder

Abbildung 35

Regressionsanalyse: Was erklärt Permissivität?

Abhängige Variable: Permissivitätsskala: Mittelwert über 12 Skalen von 1 bis 10.

Unabhängige Variablen in der Reihenfolge ihrer Erklärungskraft:

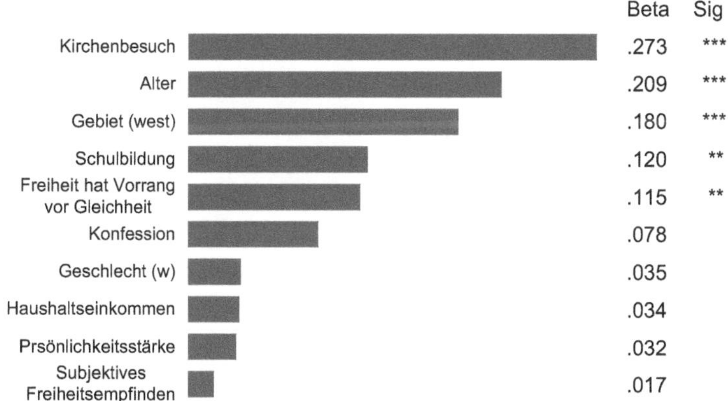

Quelle: Allensbacher Archiv, IfD-Umfrage Nr. 10097, September 2012

Gleichheit, als signifikante erklärende Variable übrig. Die Vermutung, dass Freiheitsorientierung und die Strenge, mit der die Einhaltung gesellschaftlicher Normen eingefordert wird, miteinander verknüpft sind, ist damit zumindest in Teilen bestätigt worden.

Es wird weiterer, wesentlich gründlicherer Studien bedürfen, um endgültig zu klären, ob Tocqueville mit seiner Beobachtung der amerikanischen Gesellschaft wirklich ein Muster beschrieb, das auch der Überprüfung durch die Sozialwissenschaften standhält. Dass jedoch sozialer Druck auch in politisch freien Gesellschaften ein erhebliches Maß an sozialer Kontrolle bewirken kann, steht nach den Erkenntnissen der empirischen Sozialforschung außer Zweifel. Ein erheblicher Teil der deutschen Bevölkerung spürt diesen sozialen Druck durchaus bewusst. In einer Allensbacher Umfrage vom März 2013 wurde folgende Frage gestellt: „Neulich sagte uns jemand: ‚Wenn man heute zu einigen Themen das sagt, was man wirklich denkt, wird man schnell zurückgewiesen oder sogar beschimpft.' Sehen Sie das auch so, oder sehen Sie das nicht so?" Eine knappe relative Mehrheit von 41 Prozent der Befragten stimmte der Aussage zu, 39 Prozent widersprachen. Auf die Nachfrage, welche Themen es denn seien, bei denen man sich nicht unbefangen äußern könne, antworteten auffallend viele Befragte, nämlich 35 Prozent derer, die sagten, man könne sich nicht frei äußern, mit dem Verweis auf die Themen Einwanderung oder Rassismus.[169]

Hier zeigt sich ein vielleicht etwas verstörend wirkendes Element freier Gesellschaften: Wenn diese auf das Fehlen äußeren Integrationsdrucks mit einem Ansteigen innerer Kräfte des Zusammenhalts reagieren, bedeutet das, dass der Einzelne, dessen Meinung dem gesellschaftlichen Konsens widerspricht, einem besonders starken sozialpsychologischen Druck gegenübersteht. Diesen Druck spürt die Bevölkerung durchaus, und er scheint in den letzten Jahren stärker geworden zu sein. Einen deutlichen Hinweis darauf bieten die Antworten auf die Allensbacher Frage „Haben Sie das Gefühl, dass man heute in Deutschland seine politische Meinung frei sagen kann, oder ist es besser, vorsichtig zu sein?". Als diese Frage zum ersten Mal im Jahr 1990 gestellt wurde, antworteten 78 Prozent der Befragten, ihrer Meinung nach könne man in Deutschland frei über seine politische Meinung sprechen. In den Jahren danach sank der Anteil derjenigen, die diese Meinung vertraten, leicht, doch im Jahr 2014 stimmten ihr immerhin noch 69 Prozent zu. Seitdem jedoch ist der Anteil derer, die diese Meinung vertreten, um zwölf Prozentpunkte auf 57 Prozent gesunken, und immerhin 28 Prozent meinen heute, man müsse vorsichtig sein, wenn man seine politische Meinung äußern wolle (Abbildung 36).

Abbildung 36

Freie Meinungsäußerung

Frage: „Haben Sie das Gefühl, dass man heute in Deutschland seine politische Meinung frei äußern kann, oder ist es besser, vorsichtig zu sein?"

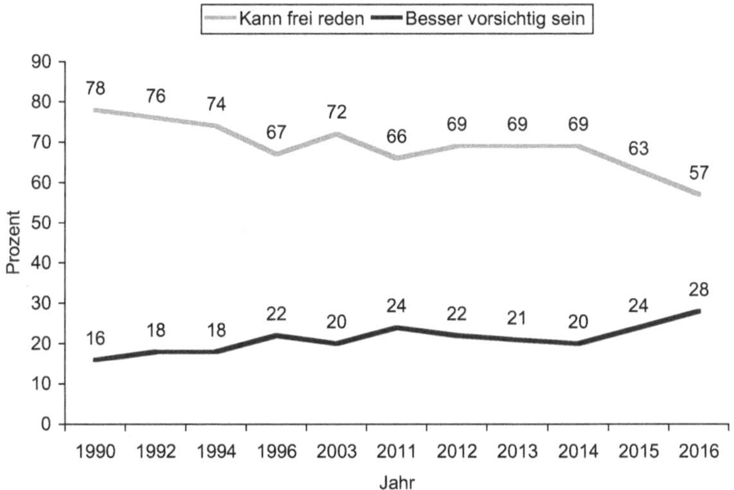

An 100 fehlende Prozent: „Mit Einschränkungen" oder „Unentschieden"

Quelle: Allensbacher Archiv, IfD-Umfragen, zuletzt Nr. 11055

Diese Entwicklung ist vor dem Hintergrund der Tagespolitik ernst zu nehmen. Es ist wahrscheinlich kein Zufall, dass das Gefühl vieler Menschen, man könne seine politische Meinung nicht frei äußern, in Zeiten zunimmt, in denen das Land angesichts der Flüchtlingskrise und des islamischen Terrorismus vor Problemen steht, deren offene Ansprache an eben jene gesellschaftlichen (oder Medien)Tabus rührt, die von den Bürgern schon seit Jahren mit erkennbarem Befremden wahrgenommen wurden.[170] Man erkennt, wie sehr eine Gesellschaft unter Spannung geraten kann, wenn bestimmte Positionen, die in der Bevölkerung weit verbreitet sind, öffentlich mit einem Tabu belegt werden, selbst wenn dies in den besten Absichten geschieht.

Wenn Bürger ihre eigene Meinung in den Medien nicht mehr wiederfinden und darüber hinaus feststellen müssen, dass andere, die die Meinung vertreten, der sie selbst anhängen, in der Öffentlichkeit missachtet oder gar geächtet werden, ist der Weg zu dem Gefühl, man dürfe auch selbst seine Meinung nicht mehr ungestraft äußern, nicht mehr weit. Wenn dann die Kluft zwischen der eigenen und der in den Medien vertretenen Position zu groß wird, ist der Boden bereitet für ein gesellschaftliches Klima, in denen pauschale „Lügenpresse"-Vorwürfe für viele an Glaubwürdigkeit gewinnen.

Wie solche Medientabus ganz konkret aussehen können, zeigen die Ergebnisse einer Allensbacher Umfrage vom März 2013. Bei dieser Umfrage wurde geprüft, welche „politisch unkorrekten" Aussagen von der Bevölkerung geduldet und welche als unakzeptabel empfunden werden. Darüber hinaus wurde ermittelt, von welchen Aussagen die Deutschen glauben, dass man sich mit ihnen in der Öffentlichkeit Ärger einhandelt. Beides ist nicht dasselbe: Ersteres zielt auf die tatsächliche Intoleranz der Gesellschaft gegenüber bestimmten Thesen ab, Letzteres auf das Klima der öffentlichen Meinung, das mit der tatsächlichen Meinungsverteilung in der Bevölkerung nicht zwangsläufig identisch ist.

Das Fragemodell funktionierte wie folgt: Die eine Hälfte der Befragten bekam einen Kartenstapel überreicht. Auf jeder Karte stand eine

Aussage, die dem Grundton der öffentlichen Moral widersprach und von der man annehmen konnte, dass sie bei vielen Menschen auf teils heftigen Widerspruch stoßen würde. Beispiele sind „Die Ausländer nehmen den Deutschen die Arbeitsplätze weg", „Man sollte die Mauer wieder aufbauen" oder „Frauen gehören an den Herd." Die Befragten wurden gebeten, diese Aussagen in drei Kategorien zu sortieren, nämlich einmal Aussagen, die sie richtig fanden, zweitens Aussagen, die sie zwar nicht richtig fanden, von denen sie aber meinten, es müsse erlaubt sein, so etwas zu sagen, und schließlich drittens Aussagen, von denen sie fanden, es müsse verboten sein, so etwas zu sagen. Die andere Hälfte der Befragten bekam dieselben Aussagen vorgelegt, wurde jedoch gefragt, mit welchen dieser Aussagen man in der Öffentlichkeit anecken, sich „leicht den Mund verbrennen" könne.

Es zeigte sich, dass es in der Bevölkerung ein bemerkenswert großes Maß an Intoleranz gegenüber Meinungen gibt, die den eigenen Vorstellungen von einer moralisch angemessenen Haltung widersprechen. Bei zehn der insgesamt 21 zur Auswahl vorgelegten Aussagen waren erhebliche Teile von mindestens einem Drittel der Bevölkerung der Meinung, man müsse sie verbieten. Der Gedanke, dass das im Grundgesetz verankerte Prinzip der Meinungsfreiheit auch für abseitige Meinungen, für Tabubrüche und moralisch vielleicht schwer erträgliche Positionen gilt, liegt vielen Menschen offensichtlich fern.

Aufschlussreich ist nun vor allem der Vergleich der tatsächlichen mit den „gefühlten" Tabuzonen. Es liegt zunächst nahe anzunehmen, dass die Meinungsäußerungen, bei denen besonders viele Menschen sagen, sie sollten verboten werden, auch die sind, bei denen die meisten sagen, man könne sich mit ihnen, wie es in der Frage heißt, „den Mund verbrennen". Doch das ist nur zum Teil der Fall. Zwar gab es Äußerungen, die viele verboten sehen wollen und die viele Menschen auch als heikel in der Öffentlichkeit empfinden, doch es gab auch einige Punkte, bei denen das Gefühl, dort könne man sich den Mund verbrennen, wesentlich ausgeprägter war als die tatsächliche gesellschaftliche Intoleranz. Und auch hier ragten besonders Aussagen hervor, die das Thema Einwanderung oder auch die Geschlechterrollen betrafen (Abbildung 37).[171] Da in diesen Fällen der Eindruck, man könne sich mit einer Aussage zu diesen Themen den Mund verbrennen, nicht hauptsächlich auf der Grundlage der Beobachtung des persönlichen Umfelds beruhen konnte, denn dann gäbe es die Diskrepanz zwischen der tatsächlichen und gefühlten Intoleranz nicht, bleibt als Erklärung letztlich nur die Berichterstattung der Massenmedien übrig.

Wichtiger als die erwähnten tagespolitischen Aspekte dieses Themas ist seine davon unabhängige gesellschaftliche Bedeutung: Es ist offensichtlich, dass die deutsche Gesellschaft von starken sozialpsychologischen Kräften geprägt ist, die auch bei solchen Themen, bei denen ein scharfer gesellschaftlicher Konflikt droht, auf den Einzelnen starken Druck ausübt, sich dem gesamtgesellschaftlichen Konsens anzuschließen. Tabus und Political Correctness sind bei solchen Themen besonders stark, bei denen der Zusammenhalt der Gesellschaft gefährdet ist.[172] Die konkreten Gegenstände können dabei von

Abbildung 37

Tatsächliche und gefühlte Tabuzonen

Fragen: „Hier auf diesen Karten sind verschiedene Aussagen aufgeschrieben, zu denen man unterschiedlicher Meinung sein kann. Bitte verteilen Sie die Karten auf das Blatt, je nachdem, ob Sie diese Aussage richtig finden, oder ob Sie die Aussage zwar falsch finden, aber man es Ihrer Ansicht nach niemandem verbieten sollte, das zu sagen, oder ob es verboten sein sollte, so etwas zu sagen." (Kartenspiel- und Bildblattvorlage)

„Es gibt ja verschiedene Ansichten, mit denen man aneckt, wenn man sie in der Öffentlichkeit äußert. Hier auf diesen Karten sind einige Aussagen aufgeschrieben. Bei welchen davon würden Sie sagen, das sind besonders heikle Aussagen, mit denen kann man sich leicht den Mund verbrennen?"

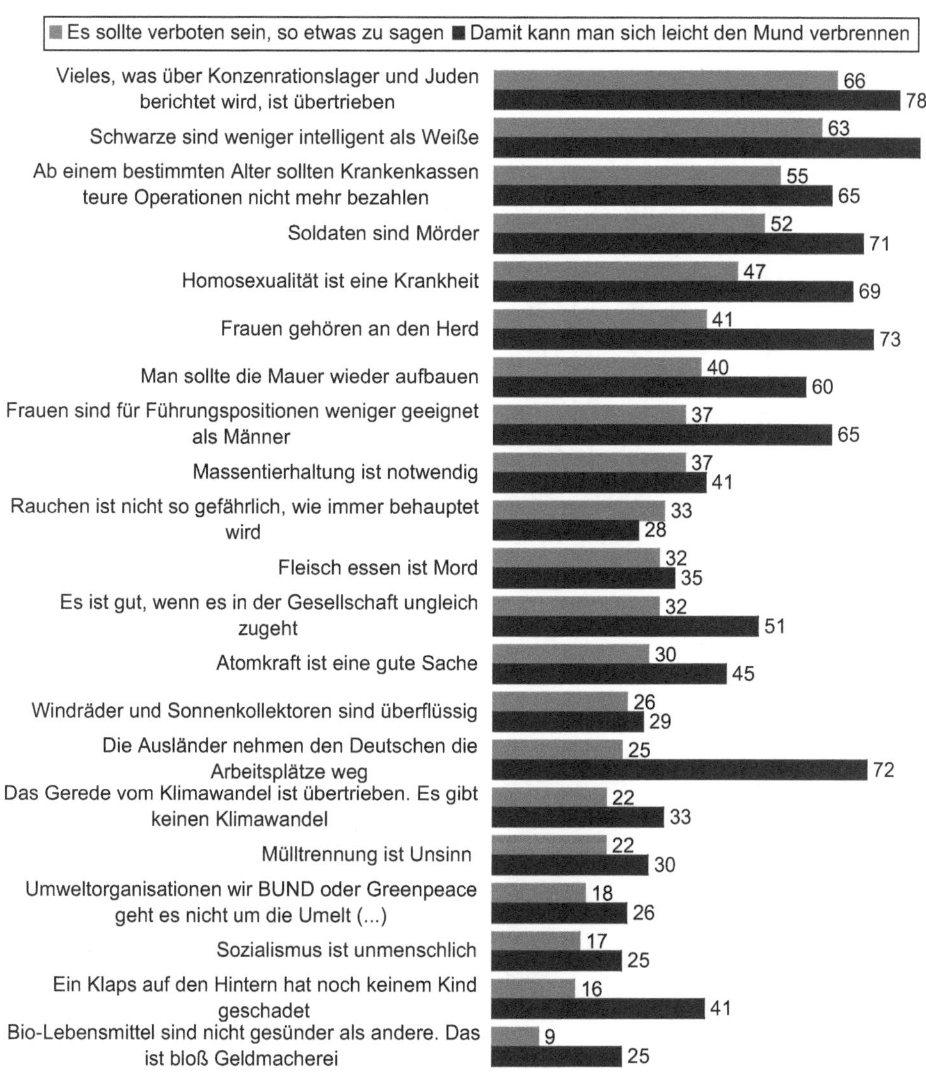

Quelle: Allensbacher Archiv, IfD-Umfrage Nr. 11005 (März 2013)

Land zu Land variieren. In Deutschland ist der Druck besonders stark, wann immer direkte oder indirekte Verbindungen zur nationalsozialistischen Ideologie gezogen werden können, seien sie auch noch so weit hergeholt. In den Vereinigten Staaten liegt der Fokus dagegen auf Rassenfragen. Die Political Correctness verweist auf die potenziellen Schwachstellen einer Gesellschaft.

Das Thema dieses Buches ist die Stabilität der deutschen Gesellschaft. Und hier ist die Existenz von Political Correctness und Tabus, so ärgerlich sie oft auch sein mag, in gewisser Hinsicht ein Zeichen innerer Stärke – ein Zeichen dafür, dass die Gesellschaft trotz aller Konflikte nicht auseinanderdriftet, sondern zusammenhält. Eine freie Gesellschaftsordnung stärkt den Zusammenhalt von Gesellschaften, indem sie diese inneren Kräfte stärkt. Der Preis, den der Einzelne dafür zahlen muss, ist der verschärfter sozialer Normen, gesellschaftlicher Sprachregelungen und Tabus sowie einer damit verbundenen verstärkten sozialen Kontrolle.

8. Gute Aussichten und große Gefahren

Im Oktober 2016 ging durch die deutschen Medien eine Welle von positiven Schlagzeilen. Die „Welt" titelte in ihrer Internetausgabe „Die Deutschen sind so glücklich wie nie."[173] Denselben Satz verwendete „Spiegel Online" in seiner Kurzzusammenfassung unmittelbar unter der Überschrift zu einem Artikel, der sich mit diesem Thema befasste.[174] Und selbst die sonst vergleichsweise zurückhaltende „Frankfurter Allgemeine" schrieb zu diesem Thema: „Besser geht's nicht."[175] Die Schlagzeilen waren einigermaßen übertrieben, weswegen sie sich kurz darauf auch zu Recht den zweifelhaften Titel der „Unstatistik des Monats" einhandelten.[176] Sie beruhten auf dem „Glücksatlas" der Deutschen Post, einer regelmäßig wiederholten Untersuchung, deren Kern eine Repräsentativumfrage bildet, bei der die Befragten gebeten werden anzugeben, wie zufrieden sie mit ihrem Leben sind. Dabei können sie ihre Angabe auf einer Skala von 0 (sehr unzufrieden) bis 10 (sehr zufrieden) abstufen. Im Jahr 2016 war nun der Durchschnittswert der Angaben von 7,0 auf 7,1 gestiegen, was man vermutlich als Zufallsschwankung werten muss.

Doch auch ohne die marktschreierische Berichterstattung dürften sich viele Leser der Nachricht gewundert haben. Die Zahlen des „Glücksatlasses" belegen eindeutig eine hohe Lebenszufriedenheit der Deutschen, und dies am Ende eines Jahres, das mit Katastrophennachrichten und Bedrohungen nur so gespickt schien, von Angst vor massenhafter und unkontrollierter Einwanderung, wachsender Kriminalität, dem möglichen Auseinanderfallen der Europäischen Union. Mit diesem Buch wollten wir erläutern, warum dieser scheinbare Widerspruch zwischen den Ängsten der Bürger und ihrer Lebenszufriedenheit tatsächlich keiner ist. Beides gehört zusammen: Gerade weil die Deutschen mit großer Mehrheit mit ihrem Leben zufrieden sind, sind sie auch zu beunruhigen, wenn sie befürchten müssen, dass ihr derzeitiges Leben in Gefahr gerät. Diese Beunruhigung ist dabei jedoch ganz anderer Natur als die innere Unruhe, die man den Deutschen über Jahrhunderte hinweg mit gutem Grund nachgesagt hat. Die verständlichen Ängste derjenigen, die glauben, etwas zu verlieren zu haben, sind bodenständiger und von weniger tief greifender Art als jene Orientierungslosigkeit, jene Selbstzweifel, die die Deutschen vor allem nach dem Zweiten Weltkrieg quälten.

Wer dieses Buch liest, kann leicht den Eindruck bekommen, es wolle die Lage in Deutschland schönfärben, den Leser mit einer naiven „Alles ist gut"-Botschaft gleichsam einschläfern. Doch das ist nicht der Fall. Vielmehr geht es darum zu zeigen, dass die Deutschen nach Jahrzehnten der Vergangenheitsbewältigung heute ein in vielerlei Hinsicht normaleres Volk sind als noch vor 20, 30 Jahren. „Normal" meint hier, dass sie sich vor allem in ihrer Einstellung gegenüber der eigenen Nation und in ihrem Selbstbewusstsein nicht mehr allzu sehr von ihren europäischen Nachbarn unterscheiden.

Diese Entwicklung ist sicherlich in mancherlei Hinsicht als erfreulich zu werten, aber sie hat durchaus auch negative Aspekte. So verliert die Gesellschaft beispielsweise allmählich ihre Widerstandsfähigkeit gegenüber nationalistischen Versuchungen. Das Trauma des Dritten Reiches und des Zweiten Weltkriegs hatte der Generation der Überlebenden die Überzeugung regelrecht eingebrannt, dass sich so etwas niemals wiederholen dürfe und dazu die Überwindung nationalen Größenwahns und eine konsequente europäische Zusammenarbeit erforderlich seien. Schwindet mit der Generation der Überlebenden das Trauma, schwindet auch der „Impfschutz" gegenüber dem Nationalismus. Es ist vermutlich kein Zufall, dass just zu dem Zeitpunkt, an dem die Lebenszufriedenheit und das Selbstbewusstsein der Deutschen einen Höchststand erreichen, mit der AfD zum ersten Mal in der Geschichte der Bundesrepublik

Deutschland eine nationalistische Partei auftaucht, die eine ernsthafte Chance hat, sich dauerhaft im Parteiensystem zu etablieren, so, wie dies in zahlreichen anderen europäischen Ländern längst geschehen ist. Hier liegt für die Zukunft eine wichtige Aufgabe für die politische Bildung.

Interessant ist, dass sich nicht nur die Deutschen selbst, sondern auch ihre Nachbarn daran gewöhnen müssen, dass die Deutschen auf dem Wege sind, zu einem normalen, selbst- und in gewissem Maße auch nationalbewussten Volk zu werden. Diese Entwicklung dürfte die europäische Verständigung in den kommenden Jahrzehnten erschweren. Eine kleine Anekdote aus dem Jahr 2010 mag hier als Illustration dienen: Damals versammelten sich Sozialwissenschaftler aus vielen nord, ost- und mitteleuropäischen Ländern in Minsk zu einer Fachtagung, deren Hauptzweck darin bestand, dem Soziologen Oleg Manaev den Rücken zu stärken, der dem Regime in Weißrussland zu unabhängig geworden war und deswegen unter Druck gesetzt wurde. Beim ersten Zusammentreffen stellte sich heraus, dass unter den Teilnehmern aus Ost- und Nordeuropa helle Aufregung über Bundeskanzlerin Merkel herrschte. Nur mit Mühe fanden die deutschen Teilnehmer heraus, warum. Offensichtlich hatte die Kanzlerin kurz zuvor bei einem Interview gesagt, sie vertrete die deutschen Interessen in Europa. Alle Hinweise darauf, dass das doch ganz normal sei, schließlich sei sie vom deutschen Volk gewählt worden, um deutsche Interessen zu vertreten, verfingen nicht. Etwas so Ungeheuerliches hatte man von einem deutschen Bundeskanzler noch nie gehört. Man kann sich gut vorstellen, dass sich dieselben Menschen, die sich über die Aussage der Bundeskanzlerin aufregten, nichts dabei gedacht hätten, wenn der französische Staatspräsident gesagt hätte, er vertrete französische Interessen. Im Gegenteil: Wahrscheinlich wäre es aufgefallen, wenn er es bei einer solchen Gelegenheit versäumt hätte, dies zu sagen. Doch von einem deutschen Bundeskanzler ist man solche Sätze im europäischen Ausland nicht gewöhnt.

Das Beispiel zeigt, dass es für Deutschland nicht leichter wird, in Europa eine Balance zwischen den eigenen Interessen und denen der Staatengemeinschaft zu finden. Ein wenig scheint wieder das alte Trauma eines Deutschlands in der Mitte des Kontinents auf, das zu klein ist, um allein im internationalen Konzert mitzuspielen, aber zu groß, um von den europäischen Nachbarn ertragen zu werden.

Auch die Freiheit selbst birgt Gefahren. Es gibt eine verbreitete Vorstellung, dass die Freiheit an Attraktivität verliere, sobald man über sie verfüge, sobald sie im Bewusstsein der Menschen als selbstverständlich empfunden werde. Zusammengefasst wird dies oft mit dem Satz: „Was man hat, das schätzt man nicht mehr." Doch dieser Satz stimmt offensichtlich nicht. Nichts lässt erkennen, dass die Freiheit in Deutschland über die Jahrzehnte hinweg an Wertschätzung verloren hätte – von anderen, älteren Demokratien ganz zu schweigen. Wäre es tatsächlich so, dass man nicht mehr schätzt, über was man lange verfügt, dann müssten die Amerikaner alle anderen Völker (vielleicht mit Ausnahme der Isländer) in ihrer Freiheitsverachtung übertreffen. Doch das Gegenteil ist der Fall: Kein anderes Volk verficht die Prinzipien der Freiheit mit einem derartigen Pathos und auch einer offensichtlich so tief empfundenen Überzeugung wie das amerikanische.[177] Und doch tragen freie Gesellschaften auch den Keim der Selbstzerstörung in sich: In diesem Buch wurde dargestellt, dass politische und gesellschaftliche Freiheit sich auf Dauer nicht nur auf das Leben der meisten einzelnen Menschen positiv auswirken, sondern auch auf den Zusammenhalt einer Gesellschaft, wenn auch um den Preis einer verschärften sozialen Kontrolle. Eine Frage ist, wie lange eine solche Entwicklung sich fortsetzen kann, bis sie „kippt" und das eintritt, was Alexis de Tocqueville die „Tyrannei der Mehrheit" genannt hat.[178]

Besonders anschaulich hat John Stuart Mill das Problem beschrieben, als er Tocquevilles Stichwort von der „Tyrannei der Mehrheit" in seinem 1859 erschienenen Essay „On Liberty" aufgriff. Für ihn ging die größte Gefahr für die Freiheit nicht unmittelbar von der

Staatsmacht aus, sondern von der Bevölkerung selbst: „Das ‚Volk', das die Macht ausübt, ist nicht immer dasselbe Volk, über das sie ausgeübt wird, und die ‚Selbstregierung', von der man spricht, ist nicht die Regierung eines jeden durch sich selbst, sondern die eines jeden durch alle Anderen. Der Wille des Volkes bedeutet überdies den Willen der zahlenmäßig stärksten oder des aktivsten Teils des Volkes, der Mehrheit oder derjenigen, die mit Erfolg bemüht sind, als die Mehrheit anerkannt zu werden. Demzufolge kann das Volk das Verlangen haben, einen Teil seiner selbst zu unterdrücken, und Vorsichtsmaßnahmen dagegen sind so notwendig wie gegen jeden anderen Missbrauch der Macht."[179]

Die Gesellschaft, so Mill, verfüge über enorm große Möglichkeiten, den Einzelnen mit Sanktionen zu drohen, mit psychologischem Druck und der Drohung sozialer Ächtung. Sie sei darin mächtiger als aristokratische Regierungen vorangegangener Zeiten. Er schreibt: „Die Gesellschaft kann ihre eigenen Mandate ausüben und sie tut es: wenn es falsche Mandate sind anstatt richtige oder Mandate in Dingen, in die sie sich nicht einmischen sollte, dann übt sie eine soziale Tyrannei, die furchtbarer ist als viele Arten der politischen Unterdrückung. Denn wenn sie sich auch gewöhnlich nicht auf so extreme Strafen stützt wie diese, so bietet sie doch weniger Möglichkeiten, ihr zu entgehen, und dringt viel tiefer in die Details des Lebens ein, die Seele selbst versklavend. Darum ist Schutz gegen die Tyrannei der Inhaber der hohen Staatsämter nicht genug: es bedarf des Schutzes auch gegen die Tyrannei der vorherrschenden Meinung und des vorherrschenden Gefühls: gegen die Tendenz der Gesellschaft (…), ihre eigenen Ideen und Praktiken als Verhaltensregeln denen aufzuzwingen, die von ihnen abweichen."[180]

Wichtig ist in diesem Zusammenhang auch die Tatsache, dass eine freie Gesellschaftsform für den Einzelnen unbequem ist, denn sie verlangt ihm Eigenverantwortung und eigene Entscheidungen ab. Die Verlockung, diese einem fürsorglichen Staat zu übertragen, der einem die lästige und potenziell gefährliche Eigenverantwortung abnimmt, ist nicht gering. Alexis de Tocqueville hat dies bereits in seiner Beschreibung der Demokratie in Amerika beschrieben: Die Gleichheit aller vor dem Gesetz schafft zunächst einmal den Freiraum, den der einzelne Bürger benötigt, um sich zu entfalten und die Freiheitsliebe zu entwickeln, die eine demokratische Gesellschaft braucht. Doch dann neigen die Bürger dazu, dem Staat und der Verwaltung immer mehr Macht zu übertragen. Diese erkennen ihre Chance, dehnen ihre Zuständigkeiten aus und dringen immer tiefer in die privaten Angelegenheiten der Bürger ein. Der Staat halte sich schließlich für verantwortlich für das Tun und das Einzelschicksal seiner Bürger und gehe darauf aus, „jeden von ihnen in den verschiedenen Handlungen seines Lebens zu lenken und zu belehren und ihn nötigenfalls wider seinen Willen glücklich zu machen."[181] Der Soziologe Helmut Schelsky wies in den 1970er-Jahren mit seiner Unterscheidung zwischen dem „selbständigen und betreuten Menschen" auf das gleiche Problem hin – und zog sich damit bezeichnenderweise heftige öffentliche Anfeindungen zu.[182]

Beides zusammen – die Neigung freier Gesellschaften, immer mehr Druck auf den Einzelnen auszuüben, und die Neigung vieler Menschen, sich lieber betreuen zu lassen, als selbst Entscheidungen zu fällen und auch die Verantwortung dafür zu übernehmen – kann, zumindest theoretisch, dazu führen, dass die Gesellschaft in einem unerträglichen Klima der Gängelung versinkt, weil zwar der Macht der staatlichen Institutionen gesetzliche Grenzen gesetzt sind, nicht aber der Macht der öffentlichen Meinung und derer, die ihre Macht auf diese stützen. Sicherlich ist Deutschland heute von einem solchen Zustand noch weit entfernt, aber jeder Leser wird leicht Beispiele aus dem Alltag und der öffentlichen Diskussion finden, die die Tendenz illustrieren, den Menschen unter Androhung sozialer Isolation immer mehr und immer detaillierter vorzuschreiben, wie sie sich zu verhalten haben, und dabei die Sphäre der Zuständigkeit der Politik immer weiter auszudehnen: von den immer restriktiveren Verkehrsvorschriften über Rauchverbote, immer drängender vorgetragene Ermahnungen zur angeblich richtigen Ernährung bis hin zu Frauenquoten, dem immer lückenloser werdenden staatlichen Zugriff auf die Kindererziehung und dem Versuch, Entscheidungen zur Berufswahl und die Form des familiären Zusammenlebens zu lenken.

Die meisten Entwicklungen dieser Art geschehen in den besten Absichten, in dem Bestreben, wie Tocqueville sagte, den Bürger „zu belehren und ihn nötigenfalls wider seinen Willen glücklich zu machen." Der Gedanke, dass es eine Anmaßung sein könnte, zu glauben, die Mehrheit der Bevölkerung, irgendwelche Experten oder gar eine Regierung oder Verwaltungsbürokratie wüssten besser als die Bürger selbst, was sie glücklich macht, und dass es weder die Aufgabe noch das Recht eines Staates ist, die Bürger gegen ihren Willen „glücklich" zu machen, kommt bemerkenswerterweise gar nicht auf.

Es kann kaum ein Zweifel daran bestehen, dass Deutschland trotz vieler positiver Entwicklungen in den letzten Jahren vor erheblichen Problemen oder zumindest sehr schweren Aufgaben steht. Es wird auch künftig immer wieder Krisen, Schwierigkeiten und Aufregungen geben. Das war in den vergangenen Jahrtausenden der Weltgeschichte immer so, und es gibt keinen Grund zur Annahme, dass es künftig anders sein wird. Es wird niemals, wie es die Publizisten Dirk Maxeiner und Michael Miersch einmal ausgedrückt haben, ein „Weltwochenende" geben,[183] schon gar nicht in einem Land mit schrumpfender und alternder Bevölkerung, das deswegen – trotz einer vorzüglichen wirtschaftlichen Lage und großer Wettbewerbsfähigkeit seiner Industrien – fast zwangsläufig einer tiefen Krise seiner Sozialsysteme entgegensieht.[184]

Doch gerade deswegen ist der Umstand, dass die Deutschen in den letzten Jahrzehnten innerlich zur Ruhe gekommen sind, trotz aller unangenehmen Nebeneffekte, die dies haben kann, alles in allem eine erfreuliche Entwicklung. Es kann für eine Demokratie nur gut sein, wenn die politische Auseinandersetzung zwischen den Parteilagern mit mehr Gelassenheit geführt wird, als es in den polarisiert-partizipatorischen 70er, 80er- und 90er-Jahren der Fall war, wenn die Akzeptanz der politischen Spielregeln wächst und die Bevölkerung in ihrer Mehrheit ein ruhiges Selbstbewusstsein im Sinne einer „civic culture“ entwickelt. Es erleichtert nämlich den Umgang mit neuen Herausforderungen. Vor diesem Hintergrund ist besonders interessant, wenn, wie oben beschrieben, vor allem in der jungen Generation der Anteil derjenigen wächst, die der Ansicht sind, man habe es selbst in der Hand, ob man in seinem Leben erfolgreich ist oder nicht. Das ist ein gutes Zeichen, denn nur wer an die Existenz von Chancen glaubt, wird diese auch erkennen und nutzen. Eine optimistische Gesellschaft – nicht im Sinne von naiver Gutgläubigkeit, sondern im Sinne eines Vertrauens in die eigene Tatkraft – hat gute Voraussetzungen für eine erfolgreiche Zukunft.

Anmerkungen

1 Vgl. Thomas Petersen: Die Angst vor Veränderung. In: Frankfurter Allgemeine Zeitung vom 27. Januar 2016, S. 8.
2 Institut für Demoskopie Allensbach: Warten auf die Lösung der Asylfrage. Das Meinungsklima im Oktober 1992. Allensbacher Archiv, IfD-Bericht Nr. 5153, S. 37–41. Vgl. auch Renate Köcher: Die Einstellung zu Gewalt ändert sich. In der Bevölkerung wachsen Unmut, Angst und Ohnmachtsgefühle. In: Frankfurter Allgemeine Zeitung vom 12. November 1992, S. 5.
3 Vgl. Edgar Piel: Die Deutschen sind besorgt wie lange nicht. In: Südkurier vom 31. Dezember 1992, S. 3.
4 Allensbacher Archiv, IfD-Umfrage Nr. 11046.
5 Allensbacher Archiv, IfD-Umfrage Nr. 11039.
6 Vgl. Petersen 2016.
7 Allensbacher Archiv, IfD-Umfrage Nr. 11011.
8 Vgl. Thomas Petersen, Dominik Hierlemann, Robert B. Vehrkamp, Christopher Wratil: Gespaltene Demokratie. Politische Partizipation und Demokratiezufriedenheit vor der Bundestagswahl 2013. Gütersloh: Bertelsmann-Stiftung 2013.
9 Christian Lindner: Rede auf dem 66. Ordentlichen Bundesparteitag am 16. Mai 2015 in Berlin. http://www.christian-lindner.de/files/204/180515_Rede_Programmatik.pdf, S. 2.
10 Vgl. Thomas Petersen: Kämpferische Sozialdemokraten. In: Frankfurter Allgemeine Zeitung vom 4. September 2013a, S. 8.
11 Stern Nr. 16 vom 9. April 2015.
12 Friedrich Nietzsche: Jenseits von Gut und Böse. In: Friedrich Nietzsche: Jenseits von Gut und Böse und andere Schriften (Werke in drei Bänden, Bd. 3). Köln: Könemann 1994, S. 177 (Aphorismus 244).
13 Vgl. Richard Rose: Ordinary People in Public Policy. A Behavioral Analysis. London (u. a.): Sage 1989, S. 29–30.
14 August Wilhelm von Rochau: Grundsätze der Realpolitik, 2. Teil. Heidelberg: Mohr 1869, S. 52, zit. n. Hans-Peter Schwarz: Reichsgründung und Wiedervereinigung. Variationen zum Thema Vergleichbarkeit und Unvergleichbarkeit von Otto von Bismarck und Helmut Kohl. In: Tilman Mayer (Hrsg.): Bismarck: Der Monolith. Reflexionen am Beginn des 21. Jahrhunderts. Hamburg: Osburg 2015, S. 328–352, hier S. 341.
15 Vgl. Thomas Petersen: 17. Juni, der „Wartesaal der Geschichte“ und die Schatten der Diktatur. In: Tilman Mayer (Hrsg.): Im „Wartesaal der Geschichte.“ Der 17. Juni als Wegmarke der Freiheit und Einheit. Baden-Baden: Nomos 2014, S. 147–168, hier S. 157–163.
16 Vgl. Michael Stürmer: Bismarck und die Deutsche Frage. In: Mayer 2015, S. 319–327, hier S. 319.

17 Germaine de Staël: Über Deutschland. Hrsg. u. eingel. v. Anna Mudry. Berlin: Union Verlag 1989, S. 65.
18 Pierre Viénot: Ungewisses Deutschland. Zur Krise seiner bürgerlichen Kultur. Hrsg. u. eingel. v. Hans Manfred Bock. Bonn: Bouvier 1999. Vgl. auch Matthias Schulz: Vom Antagonismus zur Partnerschaft. Etappen der deutsch-französischen Beziehungen seit der Französischen Revolution. In: Rostocker Informationen zu Verwaltung und Politik 13 (2000), S. 5–36.
19 Johann Wolfgang von Goethe: Egmont, 3. Aufzug, zit. n. Duden Bd. 12: Zitate und Aussprüche. 2. Auflage. Mannheim: Bibliographisches Institut & F. A. Brockhaus 2002, S. 251.
20 Walter Krämer: Die Angst der Woche. Warum wir uns vor den falschen Dingen fürchten. München: Piper 2011, S. 48.
21 Elisabeth Noelle-Neumann, Renate Köcher: Die verletzte Nation. Über den Versuch der Deutschen, ihren Charakter zu ändern. Stuttgart: Deutsche Verlags-Anstalt 1986, S. 20–21.
22 Ebenda, S. 19.
23 Vgl. Norbert Grube: Allensbach. In: Die Politische Meinung. Sonderausgabe Juni 2015, S. 39–42.
24 Elisabeth Noelle-Neumann: Bericht über die Befragung der Studenten der Universitäten Tübingen und Freiburg. Juli 1947, S. 18. Dokumentiert in: Institut für Demoskopie Allensbach: Jugend nach dem Krieg. Umfragen 1947–1948. 8 Berichte. Allensbacher Archiv, IfD-Bericht Nr. 12.
25 Ebenda, S. 25.
26 Institut für psychologische und soziometrische Forschungen: 1. Bericht. November 1947, S. 2. Dokumentiert in: Institut für Demoskopie Allensbach: Jugend nach dem Krieg. Umfragen 1947–1948. 8 Berichte. Allensbacher Archiv, IfD-Bericht Nr. 12.
27 Institut für Demoskopie Allensbach: Die Jugend und die Parteien, S. 1. Dokumentiert in: Institut für Demoskopie Allensbach: Jugend nach dem Krieg. Umfragen 1947–1948. 8 Berichte. Allensbacher Archiv, IfD-Bericht Nr. 12.
28 Helmut Schelsky: Die skeptische Generation. Eine Soziologie der deutschen Jugend. Düsseldorf: Diederichs 1957, S. 84.
29 Institut für Demoskopie Allensbach: Die Jugendbefragungen 1947/48. Ein Inhaltsverzeichnis. Allensbacher Archiv, IfD-Bericht Nr. 11, Abschnitt V.
30 Vgl. Renate Köcher (Hrsg.): Allensbacher Jahrbuch der Demoskopie 2003–2009. Berlin/Allensbach: De Gruyter/Verlag für Demoskopie 2009, S. 787.
31 Elisabeth Noelle-Neumann: Manuskript zur 12. Vorlesung - 24. Februar 1994 im Rahmen der Eric-Voegelin-Professur der Sozialwissenschaftlichen Fakultät der Ludwig-Maximilians-Universität München, Wintersemester 1993/94. Unveröffentlichtes Manuskript im Familienarchiv Casa Neumann, Piazzogna (Schweiz), S. 16–20.
32 Vgl. Köcher 2009, S. 787.
33 Vgl. Noelle-Neumann 1994, S. 20.

34 Aristoteles: Politik. München: Deutscher Taschenbuch Verlag 1986, S. 194–195

35 Gabriel Almond, Sidney Verba: The Civic Culture. Political Attitudes and Democracy in Five Nations. Princeton: University Press 1963.

36 Konrad Adenauer: Erinnerungen 1945–1953. Stuttgart: Deutsche Verlags-Anstalt 1965, S. 509.

37 Vgl. Richard J. Evans: Rethinking German History. Nineteenth-Century Germany and the Origins of the Third Reich. London: Allen and Unwin 1987, S. 1–2; Christopher Clark: Iron Kingdom: The Rise and Downfall of Prussia 1600–1947. London: Allen Lane 2006, hier bes. S. 665–670.

38 Herbert Marcuse: Feindanalysen. Über die Deutschen. (Peter-Erwin Jansen [Hrsg.]: Herbert Marcuse: Nachgelassene Schriften, Bd. 5). Springe: zu Klampen 2007, S. 32, 36. Vgl. auch Tilman Mayer: Die Prägung von Mentalitäten durch die Erfahrung totaler Herrschaft. In: Hendrik Hansen, Barbara Zehnpfennig (Hrsg.): Die Prägung von Mentalität und politischem Denken durch die Erfahrung totalitärer Herrschaft. Baden-Baden: Nomos 2016, S. 111–124.

39 Vgl. hierzu Peter Reichel: Politische Kultur der Bundesrepublik. Opladen: Leske und Budrich 1981, S. 31–51.

40 Hans-Peter Schwarz: Die Ära Adenauer. Gründerjahre der Republik 1949–1957 (Geschichte der Bundesrepublik Deutschland, Bd. 2). Stuttgart/Wiesbaden: Deutsche Verlags-Anstalt/F. A. Brockhaus 1981, S. 86–87, 130–135.

41 Adenauer 1965, S. 328. Vgl. auch Schulz 2000.

42 Almond/Verba 1963, S. 38–39.

43 Thomas Petersen, Tilman Mayer: Der Wert der Freiheit. Deutschland vor einem neuen Wertewandel? Freiburg: Herder 2005, S. 19–22.

44 Siehe hierzu: Wilhelm Hennis: Max Webers Fragestellung. Studien zur Biographie des Werks. Tübingen: Mohr Siebeck 1987; Wilhelm Hennis: Max Webers Wissenschaft vom Menschen: Neue Studien zur Biographie des Werks. Tübingen: Mohr Siebeck 2003.

45 Almond/Verba 1963, S. 429.

46 Heiko Fürst: Ungarn. In: Werner Weidenfeld, Wolfgang Wessels (Hrsg.): Jahrbuch der Europäischen Integration 2008. Baden-Baden: Nomos 2009, S. 439–442, hier S. 440–441.

47 Vgl. Almond/Verba 1963, S. 428–429.

48 Vgl. David P. Conradt: Changing German Political Culture. In: Gabriel A. Almond, Sidney Verba (Hrsg.): The Civic Culture Revisited. Newbury Park: Sage 1989, S. 212–272, hier bes. S. 221–253.

49 Vgl. Elisabeth Noelle-Neumann, Renate Köcher (Hrsg.): Allensbacher Jahrbuch der Demoskopie 1998–2002. München/Allensbach: K. G. Saur/Verlag für Demoskopie 2002, S. 543.

50 Vgl. hierzu Tilman Mayer: Von der Mitte her denken. Die Potentiale der Volksparteien. Wahlanalyse 2013. Bonn: Bouvier 2014.

51 Oskar Niedermayer: Bürger und Politik. Politische Orientierungen und Verhaltensweisen der Deutschen. Wiesbaden: Verlag für Sozialwissenschaften 2005, S. 83.
52 Vgl. Thomas Petersen: Das Potential der Volksparteien. Nicht nur Stammwähler und Randwähler bestimmen die Aussichten. In: Frankfurter Allgemeine Zeitung vom 30. September 2009, S. 10.
53 Vgl. hierzu auch Rüdiger Schmitt-Beck: Politische Kommunikation und Wählerverhalten. Ein internationaler Vergleich. Wiesbaden: Westdeutscher Verlag 2000, S. 137–141.
54 Vgl. Wolfgang Rudzio: Das politische System der Bundesrepublik Deutschland. 7. Auflage. Wiesbaden: Verlag für Sozialwissenschaften 2006, S. 181–193.
55 Oskar Niedermayer: Der Wandel des parteipolitischen Engagements der Bürger. In: Steffen Kühnel, Oskar Niedermayer, Bettina Westle (Hrsg.): Wähler in Deutschland. Sozialer und politischer Wandel, Gender und Wahlverhalten. Wiesbaden: Verlag für Sozialwissenschaften 2009, S. 82–134, hier S. 103.
56 Vgl. Noelle-Neumann/Köcher 2002, S. 710–712; Niedermayer 2005, S. 64-69, 87
57 Vgl. Thomas Petersen: Die unverdrossenen Nichtwähler. Wahlenthaltung ist weniger Ausdruck von Protest als Desinteresse an Politik. In: Frankfurter Allgemeine Zeitung vom 22. Juli 2009, S. 5; Niedermayer 2005, S. 209–219; Petersen/Hierlemann/Vehrkamp/Wratil 2013.
58 Es fügt sich darüber hinaus auch gut in das Konzept des amerikanischen Politikwissenschaftlers und Mitbegründers der „Rational-Choice-Theorie“ Anthony Downs, nach dessen Vorstellungen die Bürger vor der Wahlentscheidung eine Kosten-Nutzen-Abwägung vornehmen und manche auf eine Teilnahme an der Wahl verzichten, weil aus ihrer Sicht der Nutzen, der daraus zu erwarten ist, die Beschäftigung mit Parteiprogrammen und die Fahrt zum Wahllokal nicht rechtfertigt. Vgl. Anthony Downs: An Economic Theory of Democracy. New York: Harper 1957.
59 Vgl. Hans Mathias Kepplinger: Die Demontage der Politik in der Informationsgesellschaft. Freiburg: Alber 1998; Hans Mathias Kepplinger: Declining Image of the German Political Elite. In: The Harvard International Journal of Press/Politics 5, 2000, S. 71–80; Hans Mathias Kepplinger: Politikvermittlung. Theorie und Praxis öffentlicher Kommunikation. Wiesbaden: Verlag für Sozialwissenschaften 2009, S. 155–171.
60 Vgl. Roland Ahold, Zoltán Juház: Rückkehr in den Mainstream? Einstellungswandel der Jugend zu Demokratie und Parteiensystem. In: Edeltraut Roller, Frank Brettschneider, Jan W. van Deth (Hrsg.): Jugend und Politik: „Voll normal!“ Der Beitrag der politischen Soziologie zur Jugendforschung. Wiesbaden: Verlag für Sozialwissenschaften 2006, S. 77–97.
61 Institut für Demoskopie Allensbach: Auswirkungen des Fernsehens in Deutschland. Lebensgewohnheiten, Interessen und Bild der Politik vor und nach der Anschaffung eines Fernsehgeräts. Allensbacher Archiv, IfD-

Bricht Nr. 1498. Vgl. auch Elisabeth Noelle-Neumann: Wegweiser. Wie Jugendliche zur Zeitung finden. Aachen: Hahner Verlagsgesellschaft 1997.

62 Institut für Demoskopie Allensbach: Die gegenseitige Wahrnehmung Ost- und Westdeutscher und das Image ostdeutscher Hochschulen bei Abiturienten, Studenten und Absolventen aus Westdeutschland. Ergebnisse einer Grundlagenstudie im Auftrag der Hochschulinitiative Neue Bundesländer. Allensbacher Archiv, IfD-Bericht Nr. 7834.

63 Vgl. Petersen/Hierlemann/Vehrkamp/Wratil 2013, S. 18; Allensbacher Archiv, IfD-Umfrage Nr. 11022.

64 Ebenda, S. 19.

65 Allensbacher Archiv, IfD-Umfrage Nr. 10049

66 Vgl. Karl Dietrich Bracher: Zeit der Ideologien. Eine Geschichte des politischen Denkens im 20. Jahrhundert. Stuttgart: DVA 1982, S. 239–252.

67 Vgl. hierzu bereits Aristoteles 1986, S. 187.

68 Siehe oben, S. XX und Anmerkung Nr. XXX.

69 Ebenda.

70 Allensbacher Archiv, IfD-Umfrage Nr. 5109.

71 Hans Hattenhauer: Deutsche Nationalsymbole. Geschichte und Bedeutung. Köln: Bundesanzeiger Verlag 1998, S. 19.

72 Vgl. ebenda, S. 22–29.

73 Vgl. ebenda, S. 30.

74 Elisabeth Noelle, Erich Peter Neumann (Hrsg.): Jahrbuch der öffentlichen Meinung 1947–1955. Allensbach: Verlag für Demoskopie 1956, S. 158.

75 Vgl. Theodor Eschenburg, Wolfgang Benz: Der Weg zum Grundgesetz. In: Theodor Eschenburg: Jahre der Besatzung 1945–1949 (Geschichte der Bundesrepublik Deutschland, Bd. 1). Stuttgart/Wiesbaden: Deutsche Verlags-Anstalt/F. A. Brockhaus 1983, S. 459–514, hier S. 506–507.

76 Allensbacher Archiv, IfD-Umfrage Nr. 041.

77 Vgl. Allensbacher Archiv, IfD-Umfrage Nr. 089.

78 Allensbacher Archiv, IfD-Umfrage Nr. 1059.

79 Allensbacher Archiv, IfD-Umfrage Nr. 2047.

80 Vgl. Hattenhauer 1998, S. 63–70; Eschenburg/Benz 1983, S. 507–508.

81 Ebenda, S. 62.

82 Allensbacher Archiv, IfD-Umfrage Nr. 038.

83 Allensbacher Archiv, IfD-Umfrage Nr. 043.

84 Das Deutschlandlied ist die Nationalhymne. Der Briefwechsel zwischen Bundespräsident Theodor Heuss und Bundeskanzler Konrad Adenauer. In: Bulletin des Presse- und Informationsamtes der Bundesregierung Nr. 51 vom 6. Mai 1952, S. 537.

85 Allensbacher Archiv, IfD-Umfrage Nr. 1059.

86 Allensbacher Archiv, IfD-Umfrage Nr. 5014.

87 Allensbacher Archiv, IfD-Umfrage Nr. 5038.

88 Allensbacher Archiv, IfD-Umfrage Nr. 1059.

89 Europafahne: Allensbacher Archiv, IfD-Umfragen Nr. 2016, 4058, 5042, 9006; Orden: Allensbacher Archiv, IfD-Umfragen Nr. 2010, 4014, 10055; 17. Juni: Allensbacher Archiv, IfD-Umfragen Nr. 2002, 2095.
90 Vgl. z. B. die Titelseite des „Simplicissimus" vom 30. März 1908, wiederabgedruckt in: Simplicissimus 1896–1914. Berlin: Rütten & Loening 1978, S. 187.
91 Vgl. hierzu Thomas Knieper: Die politische Karikatur. Eine journalistische Darstellungsform und deren Produzenten. Köln: Halem 2002, S. 195.
92 Allensbacher Archiv, IfD-Umfrage Nr. 10013.
93 Platon: Der Staat. Stuttgart: Kröner 1949, S. 119.
94 Der Einzug des Bauhauses in die Wohnzimmer. In: Elisabeth Noelle-Neumann, Renate Köcher (Hrsg.): Allensbacher Jahrbuch der Demoskopie 1993–1997. München/Allensbach: K. G. Saur/Verlag für Demoskopie 1997, S. 382–387.
95 Allensbacher Archiv, IfD-Umfrage Nr. 2032.
96 Helmut Klages: Werteorientierungen im Wandel. Rückblick, Gegenwartsanalyse, Prognosen. Frankfurt am Main: Campus 1984, S. 123.
97 Allensbacher Archiv, IfD-Umfragen Nr. 2032, 2086.
98 Vgl. Elisabeth Noelle-Neumann: Werden wir alle Proletarier? Wertewandel in unserer Gesellschaft. Zürich: Interfrom 1978.
99 Renate Köcher: Familie und Gesellschaft. In: Noelle-Neumann/Köcher 1986, S. 74–163, hier S. 101.
100 Allensbacher Archiv, IfD-Umfragen, 1956: Nr. 1000; 1992: Nr. 5062; 2011 (bisher letzte Messung): Nr. 10069.
101 Klaus Hildebrand: Von Erhard zur Großen Koalition 1963–1969 (Geschichte der Bundesrepublik Deutschland, Bd. 4). Stuttgart/Wiesbaden: Deutsche Verlags-Anstalt/F. A. Brockhaus 1984, S. 423–424.
102 Vgl. hierzu Clemens Albrecht (u. a.): Die intellektuelle Gründung der Bundesrepublik. Eine Wirkungsgeschichte der Frankfurter Schule. Frankfurt am Main: Campus 2007.
103 Ebenda, S. 422.
104 Vgl. Theodor W. Adorno: Erziehung nach Auschwitz. In: Theodor W. Adorno: Erziehung zur Mündigkeit. Vorträge und Gespräche mit Hellmut Becker 1959–1969 (hrsg. v. Gerd Kadelbach). Frankfurt am Main: Suhrkamp 1971, S. 88–104.
105 Vgl. Elisabeth Noelle-Neumann: Die Erinnerungen. München: Herbig 2006, S. 139–140.
106 Allensbacher Archiv, IfD-Umfragen Nr. 4195, 5081.
107 Der hier wiedergegebene Text wurde männlichen Befragten vorgelesen. Bei weiblichen Befragten lautete er: „Zwei Frauen unterhalten sich über das Leben …"
108 Allensbacher Archiv, IfD-Umfrage Nr. 5008.
109 Allensbacher Archiv, IfD-Umfrage Nr. 4194.
110 Allensbacher Archiv, IfD-Umfragen Nr. 1000, 1041, 1086/87
111 Petersen/Mayer 2005.

112 Ebenda, S. 119.
113 Vgl. Jens Hacker: Über die Tabuisierung der nationalen Frage im intellektuellen Diskurs. In: Gerd Langguth (Hrsg.): Die Intellektuellen und die nationale Frage. Frankfurt am Main: Campus 1997, S. 314–321.
114 Vgl. hierzu Daniel Friedrich Sturm: Uneinig in die Einheit. Die Sozialdemokratie und die Vereinigung Deutschlands 1989/90. Bonn: Dietz 2006.
115 Süskind, Patrick: Deutschland, eine Midlife-Crisis. In: Der Spiegel Nr. 38 vom 17. September 1990, S. 116–125.
116 Zit. nach: Noelle-Neumann, Elisabeth: Premiere eines demoskopischen Vergleichs zwischen Ost- und Westdeutschland. Auf welche Unterschiede man sich einstellen muss. Vortrag, gehalten am 29. September 1990 in Frankfurt und Düsseldorf und am 21. September 1990 in Berlin. Allensbacher Archiv, Publikation Nr. VNN 1990/042, S. 1.
117 Noelle-Neumann 1990, S. 8–10.
118 Vgl. Petersen/Mayer 2005, S. 18–19; Elisabeth Noelle-Neumann: Wie nah, wie fern? Eine Dokumentation des Beitrags für den Jahresbericht 1995 der „wir.Wirtschaftsinitiativen für Deutschland e. V." Allensbacher Archiv, IfD-Bericht Nr. 5646, S. 9.
119 Helmut Kohl: Fernsehansprache anlässlich des Inkrafttretens der Währungs, Wirtschafts- und Sozialunion. In: Bulletin des Presse- und Informationsamts der Bundesregierung Nr. 86 vom 3. Juli 1990, zit. n. http://helmut-kohl.kas.de/index.php?msg=555 (zuletzt aufgerufen am 4. Dezember 2012).
120 Institut für Demoskopie Allensbach: AWA '91 – Deutschland-Ost, Bd. 1, S. 78; Institut für Demoskopie Allensbach: AWA '96. Code-Buch, S. 184. Vgl. hierzu auch Karl-Heinz Paqué: Deutschlands West-Ost-Gefälle der Produktivität: Befund, Deutung und Konsequenzen. In: Vierteljahreshefte zur Wirtschaftsforschung 78, 2009, S. 63–77.
121 Institut für Demoskopie Allensbach: AWA '96. Code-Buch, S. 141.
122 Institut für Demoskopie Allensbach: AWA 2000. Märkte, S. 138.
123 Vgl. Burkart Lutz, Holle Grünert: Der Zerfall der Beschäftigungsstrukturen der DDR 1989–1993. In: Burkart Lutz (u. a.) (Hrsg.): Arbeit, Arbeitsmarkt und Betriebe (Bericht 1 der Kommission für die Erforschung des sozialen und politischen Wandels in den neuen Bundesländern e. V. [KSPW]). Opladen: Leske + Budrich 1996, S. 69–120, hier S. 79.
124 Zum Thema Nachrichtenfaktoren siehe Winfried Schulz: Nachricht. In: Elisabeth Noelle-Neumann, Winfried Schulz, Jürgen Wilke (Hrsg.): Fischer Lexikon Publizistik Massenkommunikation. Frankfurt am Main: Fischer 2009, S. 359–396, hier S. 389–391.
125 Ebenda, S. 94.
126 IfD-Bericht Nr. 5506, S. 5.
127 Elisabeth Noelle, Thomas Petersen: Sie bewegen sich aufeinander zu. Das geteilte Deutschland 15 Jahre nach der Einheit. In: Frankfurter Allgemeine Zeitung vom 25. Januar 2006, Nr. 21, S. 5

128 Thomas Petersen: Blühende Landschaften. In: Frankfurter Allgemeine Zeitung vom 22. September 2010, S. 5.
129 Allensbacher Archiv, IfD-Umfrage Nr. 11032.
130 Allensbacher Archiv, IfD-Umfrage Nr. 7056.
131 Allensbacher Archiv, IfD-Umfrage Nr. 10098.
132 Vgl. Mayer 2016.
133 Vgl. Tom Mannewitz: 25 Jahre nach der Wiedervereinigung: Welche Demokratie wollen die Deutschen?, in: Deutschland Archiv Online vom 22. Januar 2015. http://www.bpb.de/geschichte/zeitgeschichte/deutschlandarchiv/199207/25-jahre-nach-der-wiedervereinigung-welche-demokratie-wollen-die-deutschen.
134 Ebenda.
135 Allensbacher Archiv, IfD-Umfrage Nr. 5086.
136 Allensbacher Archiv, IfD-Umfrage Nr. 10098.
137 Allensbacher Archiv, IfD-Umfrage Nr. 5066.
138 Siehe z. B. Allensbacher Archiv, IfD-Umfrage Nr. 5092.
139 Vgl. Hildebrand 1984, S. 187–202; Wolfgang Jäger, Werner Link: Republik im Wandel 1974–1982. Die Ära Schmidt (Geschichte der Bundesrepublik Deutschland, Bd. 5/II). Stuttgart/Mannheim: Deutsche Verlags-Anstalt/F. A. Brockhaus 1987, S. 353–383.
140 Allensbacher Archiv, IfD-Umfragen Nr. 10047, 10098.
141 Allensbacher Archiv, IfD-Umfragen Nr. 5086, 10098.
142 Allensbacher Archiv, IfD-Umfragen Nr. 6096, 10098.
143 Vgl. hierzu Lutz Haarmann: „Die deutsche Einheit kommt bestimmt." Zum Spannungsverhältnis von Deutscher Frage, Geschichtspolitik und westdeutscher Dissidenz in den 1980er Jahren. Berlin: Berliner Wissenschaftsverlag 2005.
144 Vgl. Petersen 2014, S. 147–168, vor allem S. 157–163.
145 Allensbacher Archiv, IfD-Umfrage Nr. 10098.
146 Arthur Conan Doyle: The Sign of the Four. Oxford: University Press 1993, S. 84.
147 Wie kompliziert die Auseinandersetzung mit der eigenen nationalen Identität sein kann, hat Bundestagspräsident Norbert Lammert anschaulich beschrieben: Norbert Lammert: Wer sind wir? In: Frankfurter Allgemeine Zeitung vom 5. Januar 2017, S. 6.
148 Marvin Perry (Hrsg.): Western Civilization. Ideas, Politics and Society. Vol. II: From the 1600s. Boston: Houghton Mifflin 1989, S. XIX.
149 Heinrich August Winkler: Geschichte des Westens. Von den Anfängen in der Antike bis zum 20. Jahrhundert. München: Beck 2009, S. 17. Vgl. hierzu auch Jürgen Osterhammel: Die Verwandlung der Welt. Eine Geschichte des 19. Jahrhunderts. München: Beck 2009.
150 Winkler 2009, S. 17.
151 Friedrich Naumann: Mitteleuropa. In: Friedrich Naumann: Werke, Bd. 4. Köln: Westdeutscher Verlag 1964, S. 486–767.
152 Vgl. Schwarz 1981, S. 55–61.

153 Alexander Gallus: Die Neutralisten. Verfechter eines vereinten Deutschlands zwischen Ost und West 1945–1990. Düsseldorf: Droste 2001.
154 Schwarz 1981, S. 88.
155 Vgl. Johannes C. Bockenheimer: Ich habe versucht, den außenpolitischen Kurs der AfD zu verstehen – es war verstörend. In: Tagesspiegel.de vom 17. Juni 2016. http://www.tagesspiegel.de/politik/gauland-hoecke-und-co-ich-habe-versucht-den-aussenpolitischen-kurs-der-afd-zu-verstehen-es-war-verstoerend/13706358.html (zuletzt aufgerufen am 8. September 2016).
156 Winkler 2009, S. 18.
157 Ebenda, S. 19.
158 Ebenda.
159 Vgl. Thomas Petersen: Schleichende Zunahme des Antiamerikanismus. In: Frankfurter Allgemeine Zeitung vom 23. Januar 2013b, S. 8.
160 Vgl. Elisabeth Noelle-Neumann: Unsere Vettern, die Amerikaner. In: Beate Lindemann (Hrsg.): Amerika in uns. Deutsch-amerikanische Erfahrungen und Visionen. Mainz: Hase & Koehler 1995, S. 227–239; Thomas Petersen: Gefährdete Freundschaft. Die Deutschen gehen auf Distanz zu Amerika. In: Frankfurter Allgemeine Zeitung vom 19. März 2003, S. 5.
161 http://factfinder.census.gov/faces/tableservices/jsf/pages/productview.xhtml?pid=ACS_10_1YR_B04006&prodType=table
162 Persönliche Mitteilung am Rande einer Buchpräsentation im Jahr 1998 in Bonn.
163 Allensbacher Archiv, IfD-Umfrage Nr. 7070
164 Viele Deutsche denken schlecht über Amerika. In: Frankfurter Allgemeine Zeitung vom 24. Juni 2015, S. 1.
165 Vgl. Thomas Petersen: Der Groll über den großen Bruder. In: Frankfurter Allgemeine Zeitung vom 17. September 2014, S. 8.
166 Allensbacher Archiv, IfD-Umfrage Nr. 11039.
167 Vgl. Thomas Petersen: Stille Liebe zur Planwirtschaft. In: Frankfurter Allgemeine Zeitung vom 27. November 2013c, S. 8.
168 Vgl. Max Weber: Die protestantische Ethik I. Eine Aufsatzsammlung. 5. Auflage. Gütersloh: Mohn 1979.
169 Allensbacher Archiv, IfD-Umfrage Nr. 11005.
170 Vgl. Thomas Petersen: Die Einstellung der Deutschen zum Wert der Freiheit. In: Ulrike Ackermann (Hrsg.): Freiheitsindex Deutschland 2011. Frankfurt am Main: Humanities Online 2012, S. 17–56, hier S. 47–55.
171 Allensbacher Archiv, IfD-Umfrage Nr. 11005.
172 Über die Bedeutung von Tabus für den Zusammenhalt einer Gesellschaft vgl. Elisabeth Noelle-Neumann: Die Schweigespirale. Öffentliche Meinung – unsere soziale Haut. München: Langen Müller 2001, S. 335–342.
173 https://www.welt.de/wirtschaft/article158847960/Die-Deutschen-sind-so-gluecklich-wie-nie.html (zuletzt aufgerufen am 31. Oktober 2016).
174 http://www.spiegel.de/panorama/gesellschaft/gluecksatlas-hier-wohnen-die-gluecklichsten-deutschen-a-1117154.html (zuletzt aufgerufen am 31. Oktober 2016).

175 http://www.faz.net/aktuell/wirtschaft/wirtschaftswissen/die-deutschen-sind-so-gluecklich-wie-nie-trotz-terrorgefahr-14486553.html (zuletzt aufgerufen am 31. Oktober 2016).
176 http://www.rwi-essen.de/unstatistik/60/ (zuletzt aufgerufen am 31. Oktober 2016).
177 Vgl. Institut für Demoskopie Allensbach: Der Wert der Freiheit. Ergebnisse einer Studie zum Freiheitsverständnis in Russland, Polen, Großbritannien, Frankreich und Deutschland. Allensbacher Archiv, IfD-Bericht Nr. 7071 (2006).
178 Tocqueville 1984, S. 289–292.
179 John Stuart Mill: Über Freiheit. Frankfurt am Main: Europäische Verlagsanstalt 1969, S. 10.
180 Ebenda, S. 11.
181 Tocqueville 1984, S. 802.
182 Vgl. Helmut Schelsky: Der selbständige und der betreute Mensch. In: Helmut Schelsky: Der selbständige und der betreute Mensch. Politische Schriften und Kommentare. Frankfurt am Main: Ullstein 1978, S. 13–48; Helmut Schelsky: Was heißt heute „liberal"? In: Helmut Schelsky: Der selbständige und der betreute Mensch. Politische Schriften und Kommentare. Frankfurt am Main: Ullstein 1978, S. 188–209, hier bes. S. 207–209. Zu den Anfeindungen siehe S. 31–48 und 206–207 im selben Band.
183 Dirk Maxeiner, Michael Miersch: Unbeeindruckt singt die Mönchsgrasmücke. In: Weltwoche Ausgabe 42/2002. http://www.weltwoche.ch/ausgaben/2002_42/artikel/unbeeindruckt-singt-die-moenchsgrasmuecke-die-weltwoche-ausgabe-422002.html (zuletzt aufgerufen am 2. November 2016).
184 Vgl. hierzu Tilman Mayer: Die demographische Krise. Eine integrative Theorie der Bevölkerungsentwicklung. Frankfurt am Main: Campus 1999; Tilman Mayer (Hrsg.): Die transformative Macht der Demographie. Wiesbaden: Springer VS 2017.

Literatur

Adenauer, Konrad: Erinnerungen 1945–1953. Stuttgart: Deutsche Verlags-Anstalt 1965

Adorno, Theodor W.: Erziehung nach Auschwitz. In: Theodor W. Adorno: Erziehung zur Mündigkeit. Vorträge und Gespräche mit Hellmut Becker 1959–1969 (hrsg. v. Gerd Kadelbach). Frankfurt am Main: Suhrkamp 1971, S. 88–104

Ahold, Roland, Zoltán Juház: Rückkehr des Mainstream? Einstellungswandel der Jugend zu Demokratie und Parteiensystem. In: Edeltraut Roller, Frank Brettschneider, Jan W. van Deth (Hrsg.): Jugend und Politik: „Voll normal!" Der Beitrag der politischen Soziologie zur Jugendforschung. Wiesbaden: Verlag für Sozialwissenschaften 2006, S. 77–97

Albrecht, Clemens (u. a.): Die intellektuelle Gründung der Bundesrepublik. Eine Wirkungsgeschichte der Frankfurter Schule. Frankfurt am Main: Campus 2007

Almond, Gabriel, Sidney Verba: The Civic Culture. Political Attitudes and Democracy in Five Nations. Princeton: University Press 1963

Aristoteles: Politik. München: Deutscher Taschenbuch Verlag 1986

Bracher, Karl Dietrich: Zeit der Ideologien. Eine Geschichte des politischen Denkens im 20. Jahrhundert. Stuttgart: Deutsche Verlags-Anstalt 1982

Bockenheimer, Johannes C.: Ich habe versucht, den außenpolitischen Kurs der AfD zu verstehen – es war verstörend. In: Tagesspiegel.de vom 17. Juni 2016. http://www.tagesspiegel.de/politik/gauland-hoecke-und-co-ich-habe-versucht-den-aussenpolitischen-kurs-der-afd-zu-verstehen-es-war-verstoerend/13706358.html

Bundesministerium für wirtschaftliche Zusammenarbeit und Entwicklung: Zukunftscharta MDG 1: Beseitigung der extremen Armut und des Hungers. https://www.bmz.de/de/ministerium/ziele/ziele/MDGs_2015/fortschritte/mdg1/index.html

Clark, Christopher: Iron Kingdom: The Rise and Downfall of Prussia 1600–1947. London: Allen Lane 2006

Conan Doyle, Arthur: The Sign of the Four. Oxford University Press 1993

Conradt, David P.: Changing German Political Culture. In: Gabriel A. Almond, Sidney Verba (Hrsg.): The Civic Culture Revisited. Newbury Park: Sage 1989, S. 212–272

Das Deutschlandlied ist die Nationalhymne. Der Briefwechsel zwischen Bundespräsident Theodor Heuss und Bundeskanzler Konrad Adenauer. In: Bulletin des Presse- und Informationsamtes der Bundesregierung Nr. 51 vom 6. Mai 1952, S. 537

Der Einzug des Bauhauses in die Wohnzimmer. In: Elisabeth Noelle-Neumann, Renate Köcher (Hrsg.): Allensbacher Jahrbuch der Demoskopie 1993–1997. München/Allensbach: K. G. Saur/Verlag für Demoskopie 1997, S. 382–387.

Downs, Anthony: An Economic Theory of Democracy. New York: Harper 1957

Eschenburg, Theodor, Wolfgang Benz: Der Weg zum Grundgesetz. In: Theodor Eschenburg: Jahre der Besatzung 1945–1949 (Geschichte der Bundesrepublik Deutschland, Bd. 1). Stuttgart/Wiesbaden: Deutsche Verlags-Anstalt/F. A. Brockhaus 1983

Evans, Richard J.: Rethinking German History. Nineteenth-Century Germany and the Origins of the Third Reich. London: Allen and Unwin 1987

Fürst, Heiko: Ungarn. In: Werner Weidenfeld, Wolfgang Wessels (Hrsg.): Jahrbuch der Europäischen Integration 2008. Baden-Baden: Nomos 2009, S. 439–442

Gallus, Alexander: Die Neutralisten. Verfechter eines vereinten Deutschlands zwischen Ost und West 1945–1990. Düsseldorf: Droste 2001

Gaus, Bettina: Freiheit mit Freiheit verteidigen. In: taz.de vom 2. März 2016. http://www.taz.de/!5285161/

Grube, Norbert: Allensbach. In: Die Politische Meinung. Sonderausgabe Juni 2015, S. 39–42

Haarmann, Lutz: „Die deutsche Einheit kommt bestimmt.“ Zum Spannungsverhältnis von Deutscher Frage, Geschichtspolitik und westdeutscher Dissidenz in den 1980er Jahren. Berlin: Berliner Wissenschaftsverlag 2005

Hacker, Jens: Über die Tabuisierung der nationalen Frage im intellektuellen Diskurs. In: Gerd Langguth (Hrsg.): Die Intellektuellen und die nationale Frage. Frankfurt am Main: Campus 1997, S. 314–321

Hattenhauer, Hans: Deutsche Nationalsymbole. Geschichte und Bedeutung. Köln: Bundesanzeiger Verlag 1998

Hennis, Wilhelm: Max Webers Fragestellung. Studien zur Biographie des Werks. Tübingen: Mohr Siebeck 1987

Hennis, Wilhelm: Max Webers Wissenschaft vom Menschen: Neue Studien zur Biographie des Werks. Tübingen: Mohr Siebeck 2003.

Hildebrand, Klaus: Von Erhard zur Großen Koalition 1963–1969 (Geschichte der Bundesrepublik Deutschland, Bd. 4). Stuttgart/Wiesbaden: Deutsche Verlags-Anstalt/F. A. Brockhaus 1984

Huang, Huiping: A Cross-cultural Test of the Spiral of Silence. In: International Journal of Public Opinion Research 17, 2005, S. 324–345

Inglehart, Ronald, Miguel Basañez, Alejandro Moreno: Human Values and Beliefs: A Cross-cultural Sourcebook. Political, Religious, Sexual and Economic Norms in 43 Societies. Findings from the 1990–1993 World Values Survey. Ann Arbor: University of Michigan Press 1998

Institut für Demoskopie Allensbach: Die Jugendbefragungen 1947/48. Ein Inhaltsverzeichnis. Allensbacher Archiv, IfD-Bericht Nr. 11

Institut für Demoskopie Allensbach: Die Jugend und die Parteien. In: Institut für Demoskopie Allensbach: Jugend nach dem Krieg. Umfragen 1947–1948. 8 Berichte. Allensbacher Archiv, IfD-Bericht Nr. 12

Institut für Demoskopie Allensbach: Auswirkungen des Fernsehens in Deutschland. Lebensgewohnheiten, Interessen und Bild der Politik vor und nach der Anschaffung eines Fernsehgeräts (1968). Allensbacher Archiv, IfD-Bericht Nr. 1498

Institut für Demoskopie Allensbach: Warten auf die Lösung der Asylfrage. Das Meinungsklima im Oktober 1992. Allensbacher Archiv, IfD-Bericht Nr. 5153

Institut für Demoskopie Allensbach: Deutschland im Frühjahr 1995. Die Muster der gegenseitigen Beeinflussung von Ost- und Westdeutschen. Allensbacher Archiv, IfD-Bericht Nr. 5506

Institut für Demoskopie Allensbach: Zeitenwende. Internationale Wertestudie 2001/2002. Ein Überblick über die wichtigsten Ergebnisse. Allensbacher Archiv, IfD-Bericht Nr. 6361

Institut für Demoskopie Allensbach: Die gegenseitige Wahrnehmung Ost- und Westdeutscher und das Image ostdeutscher Hochschulen bei Abiturienten, Studenten und Absolventen aus Westdeutschland. Ergebnisse einer Grundlagenstudie im Auftrag der Hochschulinitiative Neue Bundesländer (2013). Allensbacher Archiv, IfD-Bericht Nr. 7834

Institut für psychologische und soziometrische Forschungen: 1. Bericht. November 1947. In: Institut für Demoskopie Allensbach: Jugend nach dem Krieg. Umfragen 1947–1948. 8 Berichte. Allensbacher Archiv, IfD-Bericht Nr. 12

Jäger, Wolfgang, Werner Link: Republik im Wandel 1974–1982. Die Ära Schmidt (Geschichte der Bundesrepublik Deutschland, Bd. 5/II). Stuttgart/Mannheim: Deutsche Verlags-Anstalt/F. A. Brockhaus 1987

Lindner, Christian: Rede auf dem 66. Ordentlichen Bundesparteitag am 16. Mai 2015 in Berlin. http://www.christian-lindner.de/files/204/180515_Rede_Programmatik.pdf

Kepplinger, Hans Mathias: Die Demontage der Politik in der Informationsgesellschaft. Freiburg: Alber 1998

Kepplinger, Hans Mathias: Declining Image of the German Political Elite. In: The Harvard International Journal of Press/Politics 5, 2000, S. 71–80

Kepplinger, Hans Mathias: Politikvermittlung. Theorie und Praxis öffentlicher Kommunikation. Wiesbaden: Verlag für Sozialwissenschaften 2009

Klages, Helmut: Werteorientierungen im Wandel. Rückblick, Gegenwartsanalyse, Prognosen. Frankfurt am Main: Campus 1984

Knieper, Thomas: Die politische Karikatur. Eine journalistische Darstellungsform und ihre Produzenten. Köln: Halem 2002

Köcher, Renate: Familie und Gesellschaft. In: Elisabeth Noelle-Neumann, Renate Köcher: Die verletzte Nation. Über den Versuch der Deutschen, ihren Charakter zu verändern. Stuttgart: Deutsche Verlags-Anstalt 1986, S. 74–163

Köcher, Renate: Die Einstellung zur Gewalt ändert sich. In der Bevölkerung wachsen Unmut, Angst und Ohnmachtsgefühle. In: Frankfurter Allgemeine Zeitung vom 12. November 1992, S. 5

Köcher, Renate (Hrsg.): Allensbacher Jahrbuch der Demoskopie 2003–2009. Berlin/Allensbach: De Gruyter/Verlag für Demoskopie 2009

Kohl, Helmut: Fernsehansprache anlässlich des Inkrafttretens der Währungs, Wirtschafts- und Sozialunion. In: Bulletin des Presse- und Informationsamts der Bundesregierung Nr. 86 vom 3. Juli 1990

König, Jürgen: „Die Terrorgefahr ist weiterhin sehr groß." In: Deutschlandfunk.de vom 10. Juni 2016. http://www.deutschlandfunk.de/frankreich-em-auftakt-die-terrorgefahr-ist-weiterhin-sehr.1766.de.html?dram:article_id=356826

Krämer, Walter: Die Angst der Woche. Warum wir uns vor den falschen Dingen fürchten. München: Piper 2011

Lammert, Norbert: Wer sind wir? In: Frankfurter Allgemeine Zeitung vom 5. Januar 2017, S. 6

Lutz, Burkart, Holle Grünert: Der Zerfall der Beschäftigungsstrukturen der DDR 1989–1993. In: Burkart Lutz (u. a.) (Hrsg.): Arbeit, Arbeitsmarkt und Betriebe (Bericht 1 der Kommission für die Erforschung des sozialen und politischen Wandels in den neuen Bundesländern e. V. [KSPW]). Opladen: Leske + Budrich 1996, S. 69–120

Mannewitz, Tom: 25 Jahre nach der Wiedervereinigung: Welche Demokratie wollen die Deutschen?, in: Deutschland Archiv Online vom 22. Januar 2015. http://www.bpb.de/geschichte/zeitgeschichte/deutschlandarchiv/199207/25-jahre-nach-der-wiedervereinigung-welche-demokratie-wollen-die-deutschen

Marcuse, Herbert: Feindanalysen. Über die Deutschen. (Peter-Erwin Jansen [Hrsg.]: Herbert Marcuse, Nachgelassene Schriften, Bd. 5). Springe: zu Klampen 2007

Maxeiner, Dirk, Michael Miersch: Unbeeindruckt singt die Mönchsgrasmücke. In: Weltwoche Ausgabe 42/2002. http://www.weltwoche.ch/ausgaben/2002_42/artikel/unbeeindruckt-singt-die-moenchs grasmuecke-die-weltwoche-ausgabe-422002.html

Mayer, Tilman: Die demographische Krise. Eine integrative Theorie der Bevölkerungsentwicklung. Frankfurt am Main: Campus 1999

Mayer, Tilman (Hrsg.): Im „Wartesaal der Geschichte." Der 17. Juni als Wegmarke der Freiheit und Einheit. Baden-Baden: Nomos 2014

Mayer, Tilman: Von der Mitte her denken. Die Potentiale der Volksparteien. Wahlanalyse 2013. Bonn: Bouvier 2014

Mayer, Tilman (Hrsg.): Bismarck: Der Monolith. Reflexionen am Beginn des 21. Jahrhunderts. Hamburg: Osburg 2015

Mayer, Tilman: Die Prägung von Mentalitäten durch die Erfahrung totaler Herrschaft. In: Hendrik Hansen, Barbara Zehnpfennig (Hrsg.): Die Prägung von Mentalität und politischem Denken durch die Erfahrung totalitärer Herrschaft. Baden-Baden: Nomos 2016, S. 111–124

Mayer, Tilman (Hrsg.): Die transformative Macht der Demographie. Wiesbaden: Springer VS 2017

Merkel, Angela: „Unser freies Leben ist stärker als jeder Terror." In: https://www.bundeskanzlerin.de/Content/DE/Artikel/2015/11/2015-11-14-statement-merkel-paris.html

Mill, John Stuart: Über Freiheit. Frankfurt am Main: Europäische Verlagsanstalt 1969

Naumann, Friedrich: Mitteleuropa. In: Friedrich Naumann: Werke, Bd. 4. Köln: Westdeutscher Verlag 1964, S. 486–767

Niedermayer, Oskar: Bürger und Politik. Politische Orientierungen und Verhaltensweisen der Deutschen. Wiesbaden: Verlag für Sozialwissenschaften 2005

Niedermayer, Oskar: Der Wandel des parteipolitischen Engagements der Bürger. In: Steffen Kühnel, Oskar Niedermayer, Bettina Westle (Hrsg.): Wähler in Deutschland. Sozialer und politischer Wandel, Gender und Wahlverhalten. Wiesbaden: Verlag für Sozialwissenschaften 2009, S. 82–134

Nietzsche, Friedrich: Jenseits von Gut und Böse. In: Friedrich Nietzsche: Jenseits von Gut und Böse und andere Schriften (Werke in drei Bänden, Bd. 3). Köln: Könemann 1994

Noelle, Elisabeth, Erich Peter Neumann (Hrsg.): Jahrbuch der öffentlichen Meinung 1947–1955. Allensbach: Verlag für Demoskopie 1956

Noelle, Elisabeth, Thomas Petersen: Sie bewegen sich aufeinander zu. Das geteilte Deutschland 15 Jahre nach der Einheit. In: Frankfurter Allgemeine Zeitung vom 25. Januar 2006, S. 5.

Noelle-Neumann, Elisabeth: Bericht über die Befragung der Studenten der Universitäten Tübingen und Freiburg. Juli 1947. In: Institut für Demoskopie Allensbach: Jugend nach dem Krieg. Umfragen 1947–1948. 8 Berichte. Allensbacher Archiv, IfD-Bericht Nr. 12

Noelle-Neumann, Elisabeth: Werden wir alle Proletarier? Wertewandel in unserer Gesellschaft. Zürich: Interfrom 1978

Noelle-Neumann, Elisabeth: Premiere eines demoskopischen Vergleichs zwischen Ost- und Westdeutschland. Auf welche Unterschiede man sich einstellen muss. Vortrag, gehalten am 29. September 1990 in Frankfurt und Düsseldorf und am 21. September 1990 in Berlin. Allensbacher Archiv, Publikation Nr. VNN 1990/042

Noelle-Neumann, Elisabeth: Manuskript zur 12. Vorlesung – 24. Februar 1994 im Rahmen der Eric-Voegelin-Professur der Sozialwissenschaftlichen Fakultät der Ludwig-Maximilians-Universität München, Wintersemester 1993/1994. Unveröffentlichtes Manuskript im Familienarchiv Casa Neumann, Piazzogna (Schweiz) 1994

Noelle-Neumann, Elisabeth: Wie nah, wie fern? Eine Dokumentation des Beitrags für den Jahresbericht 1995 der „wir.Wirtschaftsinitiativen für Deutschland e. V." Allensbacher Archiv, IfD-Bericht Nr. 5646

Noelle-Neumann, Elisabeth: Unsere Vettern, die Amerikaner. In: Beate Lindemann (Hrsg.): Amerika in uns. Deutsch-amerikanische Erfahrungen und Visionen. Mainz: Hase & Koehler 1995, S. 227–239

Noelle-Neumann, Elisabeth: Wegweiser. Wie Jugendliche zur Zeitung finden. Aachen: Hahner Verlagsgesellschaft 1997

Noelle-Neumann, Elisabeth: Die Schweigespirale. Öffentliche Meinung – unsere soziale Haut. München: Langen Müller 2001

Noelle-Neumann, Elisabeth, Thomas Petersen: Zeitenwende. Der Wertewandel 30 Jahre später. In: Aus Politik und Zeitgeschichte vom 13. Juli 2001, S. 15–22

Noelle-Neumann, Elisabeth: Die Erinnerungen. München: Herbig 2006

Noelle-Neumann, Elisabeth, Renate Köcher: Die verletzte Nation. Über den Versuch der Deutschen, ihren Charakter zu verändern. Stuttgart: Deutsche Verlags-Anstalt 1986

Noelle-Neumann, Elisabeth, Renate Köcher (Hrsg.): Allensbacher Jahrbuch der Demoskopie 1998–2002. München/Allensbach: K. G. Saur/ Verlag für Demoskopie 2002

Opaschowski, Horst W.: Die westliche Wertekultur auf dem Prüfstand. In: Aus Politik und Zeitgeschichte B 52–53/2001, S. 7–17

Osterhammel, Jürgen: Die Verwandlung der Welt. Eine Geschichte des 19. Jahrhunderts. München: Beck 2009

Paqué, Karl-Heinz: Deutschlands West-Ost-Gefälle der Produktivität: Befund, Deutung und Konsequenzen. In: Vierteljahreshefte zur Wirtschaftsforschung 78, 2009, S. 63–77

Perry, Marvin (Hrsg.): Western Civilizations. Ideas, Politics and Society. Vol. II: From the 1600s. Boston: Houghton Mifflin 1989

Persch, Stefan: Westlicher Lebensstil reduziert Vielfalt im Darm. In: Die Welt Online vom 18. April 2015. http://www.welt.de/gesundheit/article139737268/Westlicher-Lebensstil-reduziert-Vielfalt-im-Darm.html

Petersen, Thomas: Gefährdete Freundschaft. Die Deutschen gehen auf Distanz zu Amerika. In: Frankfurter Allgemeine Zeitung vom 19. März 2003, S. 5.

Petersen, Thomas: Die unverdrossenen Nichtwähler. Wahlenthaltung ist weniger Ausdruck von Protest als Desinteresse an Politik. In: Frankfurter Allgemeine Zeitung vom 22. Juli 2009, S. 5.

Petersen, Thomas: Das Potential der Volksparteien. Nicht nur Stammwähler und Randwähler bestimmen die Aussichten. In: Frankfurter Allgemeine Zeitung vom 30. September 2009, S. 10

Petersen, Thomas: Die Einstellung der Deutschen zum Wert der Freiheit. In: Ulrike Ackermann (Hrsg.): Freiheitsindex Deutschland 2011. Frankfurt am Main: Humanities Online 2012, S. 17–56

Petersen, Thomas: Kämpferische Sozialdemokraten. In: Frankfurter Allgemeine Zeitung vom 4. September 2013a, S. 8

Petersen, Thomas: Schleichende Zunahme des Antiamerikanismus. In: Frankfurter Allgemeine Zeitung vom 23. Januar 2013b, S. 8.

Petersen, Thomas: Stille Liebe zur Planwirtschaft. In: Frankfurter Allgemeine Zeitung vom 27. November 2013c, S. 8.

Petersen, Thomas: Der Groll über den großen Bruder. In: Frankfurter Allgemeine Zeitung vom 17. September 2014, S. 8.

Petersen, Thomas: 17. Juni, der „Wartesaal der Geschichte" und die Schatten der Diktatur. In: Tilman Mayer (Hrsg.): Im „Wartesaal der Geschichte." Der 17. Juni als Wegmarke der Freiheit und Einheit. Baden-Baden: Nomos 2014, S. 147–168

Petersen, Thomas: Die Angst vor Veränderung. In: Frankfurter Allgemeine Zeitung vom 27. Januar 2016, S. 8

Petersen, Thomas: Das Russlandbild der Deutschen und die Grenzen der Propagandawirkung. In: Russland-Analysen Nr. 308 vom 22. Januar 2016. http://www.laender-analysen.de/russland/pdf/RusslandAnalysen308.pdf

Petersen, Thomas, Dominik Hierlemann, Robert B. Vehrkamp, Christopher Wratil: Gespaltene Demokratie. Politische Partizipation und Demokratiezufriedenheit vor der Bundestagswahl 2013. Gütersloh: Bertelsmann-Stiftung 2013

Petersen, Thomas, Tilman Mayer: Der Wert der Freiheit. Deutschland vor einem neuen Wertewandel? Freiburg: Herder 2005

Piel, Edgar: Die Deutschen sind besorgt wie lange nicht. In: Südkurier vom 31. Dezember 1992, S. 3

Platon: Der Staat. Stuttgart: Kröner 1949

Reichel, Peter: Politische Kultur der Bundesrepublik. Opladen: Leske + Budrich 1981, S. 31–51

Rochau, August Wilhelm von: Grundsätze der Realpolitik, 2. Teil. Heidelberg: Mohr 1869

Rose, Richard: Ordinary People in Public Policy. A Behavioral Analysis. London (u. a.): Sage 1989

Rudzio, Wolfgang: Das politische System der Bundesrepublik Deutschland. 7. Auflage. Wiesbaden: Verlag für Sozialwissenschaften 2006

Schelsky, Helmut: Die skeptische Generation. Eine Soziologie der deutschen Jugend. Düsseldorf: Diederichs 1957

Schelsky, Helmut: Der selbständige und der betreute Mensch. In: Helmut Schelsky: Der selbständige und der betreute Mensch. Politische Schriften und Kommentare. Frankfurt am Main: Ullstein 1978, S. 13–48

Schelsky, Helmut: Was heißt heute „liberal"? In: Helmut Schelsky: Der selbständige und der betreute Mensch. Politische Schriften und Kommentare. Frankfurt am Main: Ullstein 1978, S. 188–209

Schmitt-Beck, Rüdiger: Politische Kommunikation und Wählerverhalten. Ein internationaler Vergleich. Wiesbaden: Westdeutscher Verlag 2000

Schneider, Rolf: „Westliche Werte" sind nur Worthülsen. In: Deutschlandradio Kultur – Politisches Feuilleton vom 29. Dezember 2015, 07:20 Uhr. http://www.deutschlandradiokultur.de/grundwerte-in-der-gesellschaft-westliche-werte-sind-nur.1005.de.html?dram:article_id=341006

Schulz, Matthias: Vom Antagonismus zur Partnerschaft. Etappen der deutsch-französischen Beziehungen seit der Französischen Revolution. In: Rostocker Informationen zu Verwaltung und Politik 13 (2000), S. 5–36

Schulz, Winfried: Nachricht. In: Elisabeth Noelle-Neumann, Winfried Schulz, Jürgen Wilke (Hrsg.): Fischer Lexikon Publizistik Massenkommunikation. Frankfurt am Main: Fischer 2009, S. 359–391

Schwarz, Hans-Peter: Die Ära Adenauer. Gründerjahre der Republik 1949–1957 (Geschichte der Bundesrepublik Deutschland, Bd. 2). Stuttgart/Wiesbaden: Deutsche Verlags-Anstalt/F. A. Brockhaus 1981

Schwarz, Hans-Peter: Reichsgründung und Wiedervereinigung. Variationen zum Thema Vergleichbarkeit und Unvergleichbarkeit von

Otto von Bismarck und Helmut Kohl. In: Tilman Mayer (Hrsg.): Bismarck: Der Monolith. Reflexionen am Beginn des 21. Jahrhunderts. Hamburg: Osburg 2015, S. 328–352

Simplicissimus 1896–1914. Berlin: Rütten & Loening 1978

Staël, Germaine de: Über Deutschland. Hrsg. u. eingel. v. Anna Mudry. Berlin: Union Verlag 1989

Sturm, Daniel Friedrich: Uneinig in die Einheit. Die Sozialdemokratie und die Vereinigung Deutschlands 1989/90. Bonn: Dietz 2006

Stürmer, Michael: Bismarck und die Deutsche Frage. In: Tilman Mayer (Hrsg.): Bismarck: Der Monolith. Reflexionen am Beginn des 21. Jahrhunderts. Hamburg: Osburg 2015, S. 319–327

Süskind, Patrick: Deutschland, eine Midlife-Crisis. In: Der Spiegel Nr. 38 vom 17. September 1990, S. 116–125

Tocqueville, Alexis de: Über die Demokratie in Amerika. München: Deutscher Taschenbuch Verlag 1984

Verarmte Darmflora: Westliche Lebensweise sorgt für Krankheiten. In: Heilpraxisnet vom 20. April 2015. http://www.heilpraxisnet.de/naturheilpraxis/verarmte-darmflora-westlicher-lebensstil-macht-krank-2015042032414

Vereinte Nationen (Hrsg.): Millenniums-Entwicklungsziele Bericht 2015. New York: Vereinte Nationen 2015

Viele Deutsche denken schlecht über Amerika. In: Frankfurter Allgemeine Zeitung vom 24. Juni 2015, S. 1

Viénot, Pierre: Ungewisses Deutschland. Zur Krise seiner bürgerlichen Kultur. Hrsg. u. eingel. v. Hans Manfred Bock. Bonn: Bouvier 1999

Weber, Max: Die protestantische Ethik I. Eine Aufsatzsammlung. 5. Auflage. Gütersloh: Mohn 1979

Winkler, Heinrich August: Geschichte des Westens. Von den Anfängen in der Antike bis zum 20. Jahrhundert. München: Beck 2009

World Health Organization (Hrsg.): World Health Statistics 2014. o. O. [Genf] 2014

Register

E

F

G

H

I

J

K

L

M

N

Über die Autoren

Dr. Thomas Petersen, geboren 1968 in Hamburg, studierte Publizistik, Alte Geschichte und Vor- und Frühgeschichte an der Universität Mainz. Er ist Projektleiter am Institut für Demoskopie Allensbach und Privatdozent für Kommunikationswissenschaft an der Technischen Universität Dresden. Er war Präsident der World Association for Public Opinion Research (WAPOR).

Tilman Mayer ist Professor für Politische Theorie, Ideen- und Zeitgeschichte am Institut für Politische Wissenschaft und Soziologie der Universität Bonn. Nach seinem Studium und der Promotion leitete er ein zeitgeschichtliches Deutschlandforschungsprojekt in der Jakob-Kaiser-Stiftung in Königswinter bei Bonn. 1993-1995 war Tilman Mayer Leiter des Bonner Büros des Instituts für Demoskopie Allensbach. Von 2010 bis 2016 war er Präsident der Deutschen Gesellschaft für Demographie (DGD), seit 2007 ist er Vorsitzender der Gesellschaft für Deutschlandforschung (GfD).

Zeitfracht Medien GmbH
Ferdinand-Jühlke-Straße 7
99095 Erfurt, Deutschland
produktsicherheit@kolibri360.de